天下雜誌
觀念領先

循環台灣

黃育徵　陳惠琳 ————— 著

Circular Taiwan

循環經濟：跳脫「當代決策」思考，把「未來」納入考量

朱敬一
中央研究院院士、前駐世界貿易組織（WTO）代表團常任代表

好友黃育徵是「循環經濟」概念的積極推動者，最近要出版新書，絕對要大力加持。

許多朋友了解綠色產業、永續環境，但是對於「循環經濟」的概念比較模糊。所以在序文一開始，容我先做個純粹白話文的解說。

我在大學會計學系教授「經濟學」超過二十年，發現有許多經濟學的觀念，用會計學特別好解釋。在二〇〇一年安隆（Enron）案發生後，我向學生說明，

安隆案簡單地說就是：公司刻意隱瞞或是不揭露未來的負債，導致現在的財務報表失真，誇大了現在的利潤，誤導了投資大眾。

安隆案可以用來解說經濟學上GDP觀念的限制：國家就像是一家公司，GDP就像是國家年度損益；如果GDP的生產過程產生環境污染，會使未來子孫付出代價，則我們現在的財務報表上就應該揭露這些未來代價，或是現在就予以扣減，否則現在的GDP就是失真。如果隱而不揭，國家就像是安隆公司，有「數據造假」之嫌。我們若能在原本的GDP中將環境損害予以扣除，則重新計算的GDP，就叫做「綠色國民所得」。

為什麼我們會刻意忽略或不計算環境破壞的成本呢？簡言之，就是因為我們把未來子孫當成「外人」，不在「當下公司」營收計算範圍之內。要如何修正這個錯誤呢？很簡單：傳統經濟理論說，我們只要把未來子孫當成「自己人」，那就可以把「外部成本內部化」（endogenize the external costs）。

但是，把子孫當成「自己人」恐怕還不夠，因為我們這一代還是決策主體，子孫還是有可能「被自私自利的祖先出賣」。有時候祖先並非故意出賣後世子孫，而是當初沒有想清楚、或是沒有看到問題、或是不知道問題的嚴重程度。

所以，要做好永續發展，把子孫當自己人還不夠。更積極一點的想法，是我們這一代必須有個觀念上的體認：地球，不是祖先留給我們這一代的資產，而是我們向未來子孫「借來」的，我們是債務人，不是債權人；子孫才是債權人。每一代都能有這樣的觀念，則自然而然就會從子孫的角度想問題。時間軸拉長了，這一代就會把將來的爛攤子納入現在的考量，就會看到許多資源再利用的機會，也能超越當代成本效益的考量，庶幾近乎「永續發展」。在永續發展的概念下，我們從來就沒有地球上任何東西的所有權，頂多只有使用權。

「循環經濟」當然是一個永續發展的概念，它希望跳脫「當代決策」的思考，把「未來」納入考量。因為納入了未來，所以是生生不息的、往復延綿的、超越思考侷限的。黃育徵先生《循環台灣》這本書，就是在催生、推動、提醒永續循環的觀念。

育徵兄用許多台灣例子，說明傳統政策缺乏永續、斷代思考之弊。例如，由於冷氣機報廢後續處理成本很高，所以應該儘量內建「廠商回收再利用」的機制，包括冷氣機座、冷媒、風扇葉片等。遺憾的是，台灣的家庭與機關都缺乏這一類的思考，所以常有「班班裝設冷氣機」之類的錯誤政策。

基本上，《循環台灣》想要喚起大家循環永續的觀念。由於循環永續面向雜多，作者謙稱他提出問題，沒辦法給答案。我卻認為，雖然我們沒有辦法給答案，但是可以把「全民一起尋找答案」納入政策。例如，中華民國有二十幾個部會、十幾個縣市政府，如果加上一拖拉庫國營事業與附屬機構，總有上百個機關。每年編預算，這些機關都是照本宣科地編。假若行政院真的要推動循環永續環境政策，那麼可以啟動「循環永續預算創新」方案，對於勇敢提出永續創新預算的機關及公務人員，經過有公信力委員會的評選，優予獎勵，並給予預算規則的彈性。我相信幾年下來，就一定會有可觀的成果。這，不就是「全體公務員一起找答案」嗎？

又如，對於一般住宅而言，通常冷氣安裝是住宅裝潢的一部分。因此若要將冷氣回收納入考量，則需要思考的就不只是冷氣業者，也一定包括室內設計業者。各地方政府如果能設計出獎勵補助辦法，鼓勵室內設計與空調業者的有效結合，則也是一個值得投入思考的方向。

育徵兄二〇一六至二〇一九任台糖董事長三年，由於台糖土地多，育徵等於是「台灣最大地主」。聽說他匆匆卸任是因為他堅持「台糖土地只租不賣」，這個完全符合永續循環的政策惹毛了地方首長，所以土地是「璧」，擁有土地太多，就是「懷璧其罪」。看看育徵兄的奮戰，台糖董事長親身力行也打不過地方草莽，我也感慨在台灣「由上而下」推動永續政策之困難。由前段舉例，我認為推動循環經濟是有策略、有方向、有做法的。其關鍵，就是要創造一股「由下而上」的動力。也許，這是一個值得努力的方向。

也許下面這一句法文，是永續觀念的最佳註腳，也是給那些覬覦台糖土地的政治人物，最好的當頭棒喝。

Nous n'héritons pas seulement de la terre de nos ancêtres, mais nous l'empruntons à nos enfants.

各界推薦

後疫情時代，國際展開合作以加速轉型

——紀維德，荷蘭在台辦事處前任代表、循環台灣基金會董事

《循環台灣》是關心未來社會與經濟變化的人必讀之書。過去五年中，作者黃育徵、陳惠琳以及循環台灣基金會成功的將循環經濟概念引入台灣。

就像這本書清楚地說明，循環經濟的原則已在台灣愈來愈廣泛地應用於各行各業：從重新設計產品，優化製程到落實綠色協議（Green Deal）的法規設計，以及產品服務化的眾多實例。本書也分享其他國家實施循環經濟的案例。在後疫情時代，首要之務是國際合作加上重新思考國際貿易背後的原則，我們需要學習彼此的循環做法以加速轉型；其次，我們需清楚的認知，即使疫情影響下，全球

化降低，我們依舊會依賴彼此的原物料、製造能力和市場。該書的最後一章概述了作者對未來的願景、路徑和實務上的建議，以期在未來二十年內實現循環台灣的目標。

——高志尚，義美食品股份有限公司董事長

順應大自然法則，人類當自強不息

「天行健，君子以自強不息；地勢坤，君子以厚德載物」——周易這句古人之智慧：人要依天象自然運行而無止息；按自然規律對待萬物。用之於當今所謂文明之經濟社會，就是黃兄書中所提倡的「循環經濟」；以友善的方式對待地球，善待環境與萬物。政府、產業與全民皆要重視，以企求「永續發展」。

——張子敬，行政院環境保護署署長

「綠色生活、在地滿足」全民展開行動

很高興看到新書《循環台灣》的出版，很感佩黃董事長在推動台灣循環經濟長期的努力。作者在書中對於循環經濟的重要性，以及如何從觀念的改變，來建立我們的環境、資源與經濟發展的新思維，以很淺顯的例子說明，讓讀者很容易地了解。更提出我們在長期經濟發展與環境保護對立的思維中，如何思考以找出讓我們可以推動循環經濟與永續發展的具體建議，對於關心我們環境與未來經濟發展的讀者先進，是很值得一讀的好書。

環保署目前優先進行法規修改，著手讓原本以廢棄物管制的觀點建立之管理體系，能夠建構成產業轉換目前所謂廢棄物成為資源的友善環境。另外，今年因為疫情的啟發，我們全力推動全民綠生活，希望改變國人生活習慣，提倡「夠就好生活」、「綠色生活、在地滿足」的生活觀念。希望透過消費者觀念以及消費需求改變，創造生產者改變的動機，讓我們如本書的書名《循環台灣》，全民一同展開行動。

——張清華／郭英釗聯合推薦，九典聯合建築師事務所主持建築師

在循環經濟中享受新奇有趣的爆發力

循環經濟，很酷！就像魔法森林中生態系統互利共榮，生生不息的交易模式，充滿了豐盛生命力，更醞釀了各種創新可能性，令人驚豔。既分享又合作，

各種產業鏈結，你來我往，你丟我撿，不再只是苦口婆心為了地球生存，而是在尋找韌性的策略時，享受新奇有趣的爆發力。

循環的動力來自有限的資源，由有條理的想像力負責整合，一面邁向未來又一面回到過去，終點變成起點，看似原地踏步卻已繞了一大圈，螺旋向上。這種好玩的事需要大家一起來。

農業循環值得全面啟動

——陳吉仲，行政院農業委員會主任委員

很高興推薦好友黃育徵董事長值得一讀的新書《循環台灣》。他是全國倡導循環經濟的先驅，不只宣導理念，更具體落實。台糖東海豐畜殖場的沼氣發電及再利用，是全國畜牧業的典範，台南牡蠣殼廠更開啟農廢高值再利用的新契機。台灣農業部門有高達四百八十六萬噸廢棄物，透過循環利用絕對能創造更高的價值，更可達到減碳效益，值得全國全面啟動此工程。

循環經濟為台灣科技業拓寬發展空間

——陳建志，明基材料股份有限公司董事長、循環台灣基金會董事

如同書中所言，產業不該一味追求脆弱的勝利，而該堅持打造韌性的共好。近年全球面臨氣候變遷、貿易磨擦、歐洲移民危機到今年新冠疫情，經營環境充滿不確定性。

台灣以創新的科技自豪，然而四十年來，因產品的急速替換而不復存在的公司也何其多。這也顯示企業韌性的重要性，因此近年企業及法人致力落實ESG，而非僅強調短期獲利。

從成功的台灣循環紡織經驗來看，台灣面臨匱乏的自然資源，科技產業擁有豐沛的知識人力，從重塑生意模式到深度循環技術發展，加上台灣科技業無遠弗屆的全球影響力，我個人深信這是下一個絕佳的發展空間，也將對全世界造成巨大影響。

黃育徵董事長和陳惠琳執行長對循環經濟的熱情令我欽佩。這本書對循環經濟做了完整的詮釋，但這僅是循環啟動的起點，未來將為我們深愛的這塊土地帶來永續的希望和機會。

台灣循環經濟成果驚豔歐洲

歐盟領先全球於二〇一五年發布「循環經濟行動計畫」，我國也響應於二〇一六年將循環經濟納入「五加二」產業創新方案的一環。黃育徵董事長先知灼見於二〇一五年創立資源循環台灣基金會，積極推動循環經濟紮根台灣並接軌國際，值得感謝與掌聲。

我擔任駐歐盟兼駐比利時大使時，二〇一九年曾在歐洲議會與歐洲議員共同舉辦活動，陳列台灣推動循環經濟的成果看板及設計製造的環保產品，讓出席賓客印象深刻，也證明台歐盟發展循環經濟的理念相同且步伐一致。我認同黃董事長本書的概念，廢棄物減量並非循環經濟的終點，而應該全面檢視設計、生產及製造過程，盡可能達成零廢棄目標，從根本減少環境開發的負荷。本書回顧過去也前瞻未來，期待黃董事長繼續為台灣循環經濟注入新動能！

——曾厚仁，外交部政務次長

以農食副產物促成大健康共榮圈

——楊青山，京冠生物科技股份有限公司董事長

循環經濟不應只是去化、減量、回收、再利用，需聚焦在經濟創生，透過技術穿透、創新創價，落實全材利用的多重商業價值及市場機會之商業模式，有經濟作為支撐才能永續，藍色經濟不僅重視綠色環境，更是和大自然學習創意資源開創，將不同環節的廢棄物串聯成另一產業鏈的原料來源，取得生態的永續利用。

由資源循環台灣基金會發起，帶動業界和學研單位投入綠色友善環境的永續經營，促使產業發展轉型，提高資源的利用與效益，並持續推動溝通與宣導其思維、案例和價值面，其中更倡議政府推動與實質支持，納入國家經濟發展的關鍵政策。而京冠生技日前已榮獲 BS8001 循環經濟最佳化認證，也致力將農食副產物進行全材利用與高值開發，藉由創新的微生物發酵技術，開發到動物的精準營養與預防醫學，整合動物、人類與環境形成大健康共榮圈（One Health），讓更多人關注並共同為地球資源的永續經營而努力。

循環經濟是企業面對全球鉅變的絕佳轉型商機

——楊偉甫，台灣電力公司董事長

終於盼到黃育徵董事長第二本循環經濟的專書了！這是繼二〇一七年出版的《循環經濟》後，又一本發人深省的巨作。

這幾年來，在政府提出「五加二產業創新政策」中的引導，以及黃董事長與循環台灣基金會的推廣之下，循環經濟思維已經廣為國人所接受。尤其對企業來說，循環經濟是一個面對全球鉅變的絕佳轉型商機，而對於能源與資源耗用量非常大的台電公司來說，循環經濟更是提供了一個新的思考方向及行動的準則，讓台電能夠以兼顧友善環境、珍惜資源、提升效率的方式推動電力建設與為民服務。

本書針對循環經濟所提出的各項精闢論點與建議，算是由黃董事長「師父領進門」，但循環經濟未來在台灣的發展，則必須「修行靠眾人」，就如他在書中所述，而必須由政府、各行各業以及所有的利害關係人共同努力學習與成長才能成就。我也經常鼓勵台電的同仁，循環經濟不只是環保處的事，而應該要以「處處都是環保處」的觀念，平行展開至公司各單位加以落實推廣，並藉由能源轉型、組織轉型及數位轉型的過程中，植入循環經濟的DNA，為打造世界級的永續電力事業做好準備。

衷心盼望在黃董事長如傳教士般的努力推廣下，台灣的未來能早日達成他所勾勒的美好願景。

閱讀推薦全文

——葉清來，宏遠興業總經理

將永續發展融入到企業決策中

這是一本不可多得，為台灣循環經濟寫的書，從中看到黃董事長「從成就他人來成就自己」的利他心；他的憂國憂民，以循環經濟為台灣產業建立韌性及契機的企圖心，讓我非常感佩。

循環經濟，是用更少資源創造更多價值。本書中提到「3R到2R，從源頭啟動循環經濟」，我頗有同感。當宏遠開始作永續時，產業界通常用3R一詞當準則。在我研讀相關永續書籍後，我就把3R擴充到7R——Rethink（重新思考）、Redesign（重新設計）、Reduce（少用）、Reuse（再用）、Repair（維修）、

Recycle（再生）、Recovery（生態復原）。前二者叫生態創新，效果最大，又不用花什麼錢；後五者叫管末處理，由前項到後項，所要花費的代價愈大。黃董的想法和我一樣，從傳統的3R回到2R，主張從源頭作生態創新：重新定義需求與供給，再重新設計資源循環的方式，致力使生產與資源使用的耗損「脫鈎」。

黃董事長指出，企業全方位落實循環經濟的過程，沒有捷徑，但有路徑。不同類型的企業會摸索出適合自己的落實方式。以我宏遠的經驗，如同英特飛模式，是從「低垂的果實」開始，其次再尋求「科技的方法」來進階運用；同仁不斷加入創意，相互學習，相互啟發，樂此不疲，最後逐漸轉成公司的「商業模式」。就如黃董所言：「永續發展的精神——在限制中均衡地成長，更應該融入到企業的每一個策略及決策中。」

閱讀推薦全文

《循環台灣》為下世代開啟新契機

——劉文雄，工業技術研究院院長

近年全球頻創史上高溫、豪雨、疫情等極端災害，不但威脅人們的生命安全，更對全球經濟造成嚴重影響，大自然的反撲力量，引發我們對循環永續的重視。

臺灣天然資源不足，並是世界銀行列為高風險災害的國家之一，如何善用自然資源與創新科技，尋求與自然和諧的相處之道，以再生、再用、再改造的「循環經濟」，是與大自然共存共榮、永續發展的關鍵。

近來，工研院推動二〇三〇技術策略與藍圖，提出了以應用為導向的未來發展方向，包含「智慧生活、健康樂活、永續環境」，循環經濟便是永續環境中的一項重點。其中，利用新科技將水泥廠排放的二氧化碳、海岸廢棄牡蠣殼、報廢液晶面板轉化為經濟用途，太陽能板從源頭改變材料與結構設計，提高其汰役廢棄後的回收價值，處處可見創新思維。我十分敬佩黃董事長的理念，透過本書的發行，希望能夠號召更多人投入循環經濟的實踐，也為下世代開啟永續發展的新契機。

台灣成為推動新經濟模式的領路國家

我們總在追求幸福社會，但是怎樣才算是幸福？

假如富足算是一種，那又該怎麼衡量？ＧＤＰ經濟成長數字已經愈來愈難告訴我們答案，過度計較還會讓我們陷入經濟成長的迷思，為了追求更大成長，反而製造更多浩劫，結果離幸福更遠。黃育徵董事長及其夥伴們長期用力推動循環經濟，從觀念啟發到全面啟動，提供了我們很多的可能性和想像空間。循環經濟是對人類經濟活動的重新設計，事務的結束即是另一事務的源頭，生生不息，物盡其用，這是真正的富足，因為我們將留給後人一個永續的環境。我相信，誠如黃董事長所言，台灣絕對可以成為全球推動新經濟模式的領路國家，推薦這本書給一起同行在永續發展道路的朋友。

——蔡其昌，立法院副院長暨立法院聯合國 SDGs 策進會會長

全球循環經濟浪潮崛起，台灣邁向零廢棄

——賴瑩瑩，行政院環境保護署廢棄物管理處處長

廢棄物是錯置的資源，而資源就像經濟的靈魂一般，資源循環與經濟發展相輔相成、缺一不可，這在自然資源缺乏的臺灣，更是不爭的事實。

近年來在歐盟引領下，全球循環經濟浪潮崛起，臺灣並沒有缺席，環保署在二〇一八年訂定資源回收再利用推動計畫，整合各部會措施推動資源循環，在超過六〇%的垃圾回收率、超過一八%的全國資源循環利用率背後，雖遇到許多如分類、再生料標準、廠商意願與市場接受度等實務挑戰，仍以兢兢業業的態度，制定多項源頭減量與資源再利用政策。

在推動資源循環的過程中，很榮幸有循環台灣基金會這樣的夥伴，連結國際有志推動循環經境的各方產官學研，齊心努力。爰此，非常榮幸能受邀推薦本書，本書的出版相信能讓國人更加理解循環經濟的理念與重要性，讓台灣向零廢棄的未來邁向一大步。

邁向韌性與永續的經濟

記得二〇一〇年的時候，我參加天下雜誌與工研院一起舉辦的「Envision 2020」計畫，與幾位來自各界的領導者，一起想像二〇二〇，台灣會變成怎樣一個社會？那時我提出的第一個概念是，能否把台灣帶向一個懂得「真心慷慨與關懷」的社會？第二個概念是，台灣能否從「復育」走向「零廢棄」的十年里程？

一轉眼，已經十年了。

二〇二〇年，一個充滿瘋狂、不平靜的年份，回首這兩個概念，感觸特別深。疫情打斷了生產、消費、生活的慣性，逼得全世界好像按下暫停鍵，當所有人都被焦慮、不安籠罩的時候，我認為更是人類集體深刻自我反省的時候。因為歷經這次的疫情，如果我們整個社會有所學習和領悟的話，我們可能不想，也不該回到過去，繼續揮霍地球的資源。這個時機，也檢視我們是否為懂得「真心慷慨與關懷」的社會；有無反思力及行動力，邁向一個「韌性與永續」的經濟。

雖然十年後的台灣還沒有成為一個零廢棄島嶼，但我已看見許多奇蹟發酵中。

例如我十年前創辦的台灣廚餘資源化發展協會，僅靠幾位退休的志工，至今已經輔導了數十個學校與社區，真正親手把每日廚餘化為肥料回饋土地。我和幾位朋友一同成立的資源循環台灣基金會（簡稱循環台灣基金會），除了幾位優秀的同事，並承蒙許多企業家、志工、實踐者的支持，形成了一個互相扶持、具有正向影響力的社群。

從二〇一七年出版了第一本書《循環經濟》之後，循環經濟成了政府、產業裡很「夯」的詞彙。幾年下來，我們看見種下的種籽逐漸萌芽茁壯，在各行各業冒出了甚至比世界上其他國家，對循環經濟的詮釋及內涵都更獨特的案例，政府也逐步修改法規，漸以資源管理概念取代廢棄物管理。我愈發確信，循環經濟是翻轉台灣的新契機！

當然在零廢棄的路上仍需非常多的努力，然而台灣已經起步。很榮幸我們能第一手參與循環經濟起飛從零到一百的過程。

這本書《循環台灣》收錄了基金會五年來的學習，紀錄了優秀企業及人才的循環經濟旅程，有成功、有失敗；有挑戰、有突破；有挫折，也有很多感人的故事，更多的是，我們看到無限的商機和轉型的契機。最近一年來，我們常說「Taiwan can HELP」，但是憑藉著我們的創意跟彈性，我們應該要有信心，不只和世界同步。這一次，讓我們走在世界前面，有自信地走出自己的路，驕傲地說：「Taiwan can LEAD！」推廣循環經濟的過程中，很多人會問：「我應該怎麼做？」很可惜，這本書裡面沒有標準答案。循環經濟之所以吸引我，並不在於背後是否隱藏著解決眼前困境的「答案」，而是循環經濟讓我看到解決困境的「可能性和想像空間」。當線性經濟讓我們的經濟、生態、環境、甚至當政治陷入滿佈荊棘和泥濘的紛爭時，循環經濟為我們開啟一扇發揮想像力、探索可能性和充滿新契機的大門。

在英文裡面，「Vision 2020」指的是清晰的視力。十年一轉眼就過去了，我們還有幾個十年呢？因此，我們的眼光需要放更遠，去思考今天出生的小孩踏入社會時，我們會留下什麼樣貌的台灣？因此我想邀請大家一起來集思廣益「願景：循環台灣二〇四〇」。二十年，一個世代的時間。這個世代的責任，需要我們以凡事皆可為的態度，擺脫過去、大膽想像未來，從失望和危機中尋獲希望和契機。

經歷疫情的重整之後，我們該如何重新啟動？尼采曾說過，即便只是「一個想法，甚至是一種可能性，都可以震撼我們，改造我們」。

無論你關心的是政治、經濟、社會、環境、教育，我想邀請大家一起戴上循環經濟的眼鏡，用不同的角度看世界。挑戰舒適圈，一起思考台灣的未來，相信您會發現，世界可以不一樣！

疫情之後，是化危機為轉機的最佳時機。套一句愛爾蘭詩人葉慈的一句話：「有夢想時，就是責任的開始。」我相信，這把鑰匙在每一個人手上！

目錄

推薦序

各界推薦

轉型循環經濟，如何以系統思考找到變革的動能？

在推動循環經濟的過程之中，我們常常發現問題盤根錯節。是消費者應該先改變行為，還是企業先改變商業模式？要先修改法規，還是先發展技術，還是先改變市場規則？最常見的狀況是大家各說各話，都覺得問題出在對方身上。更糟糕的是，推陳出新的各式解方，到頭來卻頭痛醫頭、腳痛醫腳，問題仍然輪番出現。因此，若想要改變這個系統，需要以系統思考先看清現象的全貌、突破表象、了解本質，才有可能將共同的意識轉化為共同行動，甚至能辨識出優先順序、對症下藥。在本書中，我們以「冰山理論」作為章節的骨幹，帶領讀者一窺線性經濟的結構性問題，並探索循環經濟系統變革的路徑。

不理解系統，就無法改變系統

常人只觀察到如冰山表層的一〇%的現象，例如秋冬時落葉飄下。然而到底是什麼引發了落葉呢？冰山理論的隱喻，以不同層次分析水底的九〇%。說明「現象」不過是可觀察到的表象，必須深入了解長期的「趨勢」為何？是什麼「結構」造成了這趨勢？而背後是什麼樣的價值觀、信念等「心智模式」在支持？在這些集體的心智模式下，有著什麼樣的「共同願景」（圖1）？

在線性經濟的冰山結構中，我們可以看到：

（一）**現象**：意指可以被觀察到的明顯而具體的現象。在線性經濟的運作之下，我們可以觀察到垃圾棄置、空氣污染、氣候變遷、海洋廢棄物、貧富差距等問題。在第一章〈全球鉅變〉中，我們將探討這些現象對企業的風險。

（二）**趨勢**：放入時間的尺度，找尋現象背後的趨勢。我們發現，從一九五〇年開始的大加速（Great Acceleration），明確地顯示地球環境的變化與全球的經濟系統有直接連動的關係。我們將在第二章〈線性經濟〉中詳述以下幾個層次。

（三）**結構**：這些趨勢是由許多有形或無形事物運作的機制所構成，例如空間配置、法規制度、經濟模式或文化等，彼此之間有許多因果關係及相互加強的

圖 1：以冰山理論看線性經濟到循環經濟的系統變革

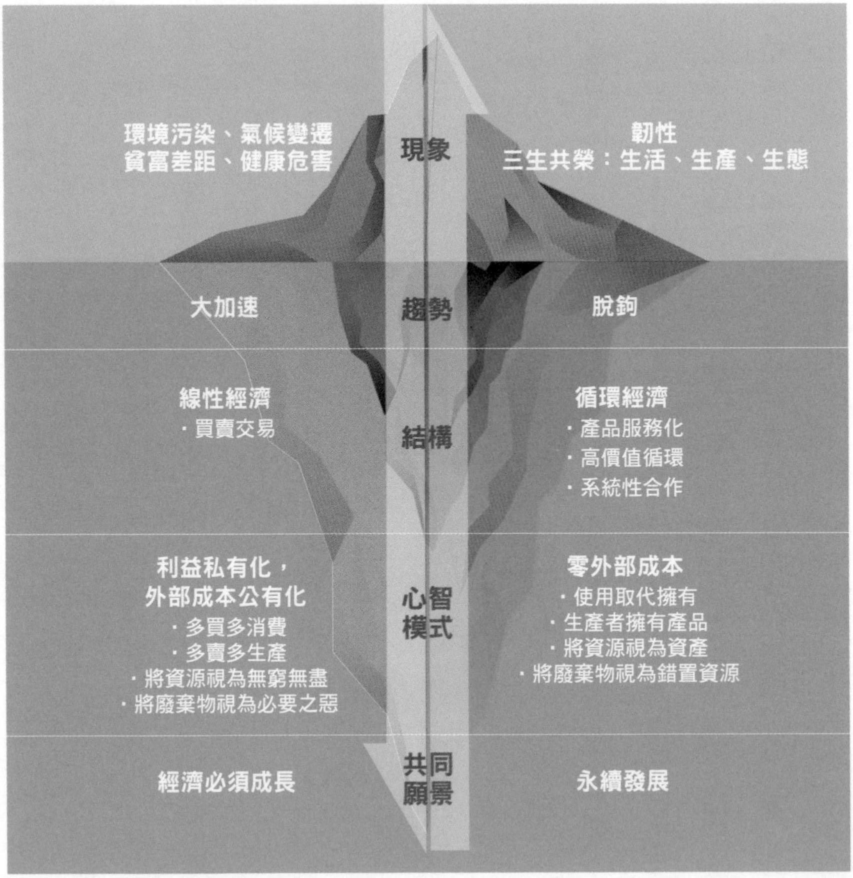

來源：資源循環台灣基金會

因果迴路。在線性經濟裡，「開採—製造—消費—拋棄」形成根深蒂固的結構。

（四）心智模式：結構的形成則源自於某些影響我們決策的思考方式。在線性經濟中，由於鼓勵利益私有化，而把外部成本公有化。所以消費者「多買多消費」，以獲得享受及自我認同；生產者「多賣多生產」以刺激消費，進而提升獲利。天然資源被視為無窮無盡，肆無忌憚的開採耗用，而過程產生的廢棄物及污染則被當成是必要之惡。

（五）共同願景：形塑這些思考方式的價值及願景，因為隱藏於意識深處，很少被挑出檢視甚至被挑戰。在線性經濟中，經濟的終極目的是追求GDP的成長，因此成長所帶來的「副作用」——環境及社會問題，我們也只好一併吸收。

當我們思考線性經濟這樣一個典型的系統性問題。若只將眼光集中在可見的問題，便容易聚焦在治標的解決方式。例如清除海洋廢棄物、碳捕捉等。並非表層問題不該處理，因為許多事情確實很急迫。但我們常發現問題仍然重複出現，甚至因為捨本逐末造成惡性循環，那是因為每一個系統都是由累積已久的系統性結構堆積而成。

不轉化思維，就無法改變系統

要達到系統性的變革，需要在每個層次工作。若我們願意打開心胸，放下成見，一步步理解趨勢背後的成因，以同理心反思，**處理深層結構的問題，將會展現更大的影響力。愈底層愈是深化存在的價值觀，愈難改變，但一旦改變了，影響則是深層而久遠**，也就是有更高的「槓桿作用」。這也是為什麼我們需要轉化系統的思維，建立願景，強化決定改變的動機。再往上逐步打造新的結構原型，促成新的決策，才有可能展現新氣象。

循環經濟系統變革的五個層次路徑，我們將在第三章〈循環經濟〉詳述。

（五）共同願景：永續發展（Sustainable Development）追求三大支柱——環境、經濟和社會之間的共好，以永續發展目標來做衡量，將能帶領我們探索，人類與地球如何以平衡、包容的方式蓬勃發展。

（四）心智模式：地球上的每一份資源都是共同擁有的，我們只有謹慎使用的權利。更不該消耗資源之後，將廢棄物拋回自然之中，期待他人或生態系來處理。我們應該以零外部成本為目標，將廢棄物視為錯置的資源，積極找尋資源化的機會。對於生活中的產品，我們應儘量以使用服務取代擁有，而生產者也應把資源當成資產，負起產品全部的責任。這是一種集體文化的轉變。

（三）**結構**：以循環經濟三大策略——高價值循環、產品服務化、系統性合作——來打造循環型的生產與使用的模式：「製造—使用—循環（Make-Use-Circulate）」。然而，改變並不容易，需要經歷建構原型、不斷測試與調整的過程，才能建構出新的運行機制。我們將在第四章到第六章分別說明這三大策略的應用。

（二）**趨勢**：有了這樣的循環機制，還需要群體之中的每個人改變消費與使用的行為模式，如此便能讓經濟發展和資源的使用、環境污染的趨勢脫鉤（Decoupling）。

（一）**現象**：在以循環經濟運行的世界裡，人類社會與大自然能更有韌性，達到生活、生產、生態的三生共榮。

本書第七到九章，將詳述循環經濟在農業、建築、紡織產業的運用，協助讀者探索可能性及跨領域合作的契機。

第十章〈全面啟動〉將詳述產業、政府及社會各角色的關鍵思維與槓桿，創造出更具韌性和永續的變革。

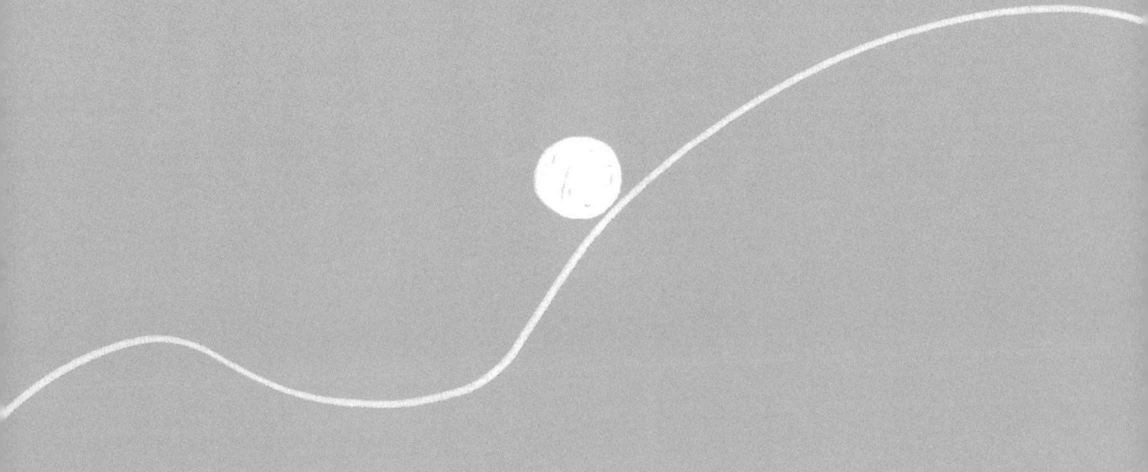

第一章　全球鉅變，如何打造韌性企業

「打造一個更綠、更智慧、更公平的世界，是獻給因疫情逝去的生命最好的紀念碑。」——克里斯塔利娜（Kristalina Georgieva），國際貨幣基金組織總裁二〇二〇年是世界地球日的五十周年，地球卻以一記警鐘敲醒人類。難纏的新冠肺炎（COVID -19）至今在全球奪走超過百萬條生命。為了防堵疫情擴散，多國紛紛實施邊境管制、封城等隔離措施，帶給人類許多恐慌與不確定性。疫情對健康、公共衛生的領域帶來許多挑戰，進而對經濟造成莫大的影響，使得全球供應鏈的勞動力和零組件運輸遭受劇烈衝擊，帶來斷鏈危機。

「那是最好的時代，那是最壞的時代，那是智慧的歲月，那是愚昧的歲月……」英國文豪狄更斯（Charles Dickens）在《雙城記》第一章，描繪出一個對現狀感到不安，卻同時保有理性的公民社會，活在充滿不確定性、危機四伏、恐懼的氛圍中，他們仍有著坦然面對困境的勇氣和化解危機的決心。

這段文字拿來描述現在竟是如此貼切，卻也讓我得到提醒與祝福。在人類停下腳步的這個時刻，我們多了時間深呼吸、反省，關照這個世界還有自己。災難是否可以帶給社會一些自省和正向的改變？取決於我們如何認識每個危機的本質，經營它，敞開胸襟從中學習。

第一節　多重風險考驗企業的存續

疫情敲響警鐘，曝露全球供應鏈脆弱

「原物料→製造→運銷→市場」是我們習以為常的全球分工模式。以往追求低成本、高效率的全球經濟分工體系，卻遭疫情暴露它的脆弱（圖2）。

當災難發生時，每一個環節都可能受創而發生「斷鏈」。產業鏈的原物料端可能面臨缺工、保護主義、環境因素而無法供應。製造端負責的大規模生產，一旦面臨無法進口原物料或員工染疫便得停工停產。從港口海運到陸地物流系統，每個環節都可能遭

圖2：脆弱的全球經濟分工體系

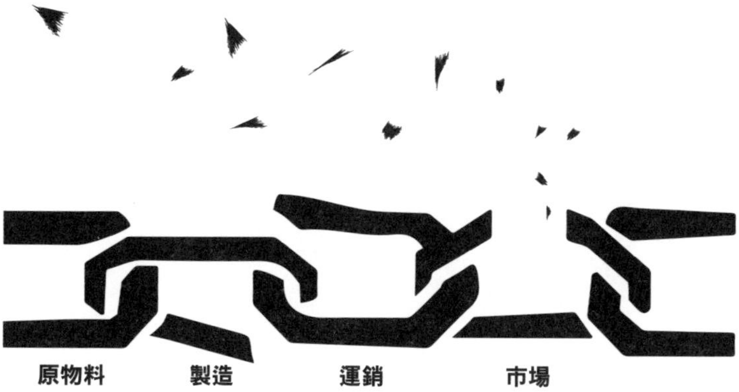

來源：資源循環台灣基金會

到中斷，甚至導致消費者深怕物資缺乏而不理性搶購和囤積物資。任一環節失能，整條全球供應鏈就會停擺。

疫情讓人聞之色變，大幅衝擊人們生活和經濟運作，的確是嚴峻的挑戰。然而二〇二〇年世界經濟論壇所出版的《全球風險報告》[1]中預測，未來十年發生機率、影響性最高的前五大風險：**極端天氣**、**氣候行動失敗**、**天然災害**、**喪失生物多樣性**、**人類造成的環境災害**，卻指出環境問題將會是人類更大的挑戰，更勝傳染性疾病。

漠視環境風險的代價不僅僅反映在環境上，也會加劇其他風險。例如高溫氣候會直接帶來病蟲媒傳染病，引發森林大火；棲息地遭破壞後會增加不同物種間傳染病的交叉感染；而疫情造成的衝擊，也可能削減氣候行動的執行強度。例如這次疫情期間因封城、社會隔離等措施，直接引發了再生能源供應鏈中斷和裝置工程的延後。

從新聞報導中我們看到，由於三分之一的人類因疫情隔離而減少活動，地球因此從中獲得喘息。歐洲、中國、義大利、印度等地空污狀況減緩，天空變回清澈的藍色；威尼斯運河可見到魚群悠游，野山羊在威爾斯蘭迪德諾地區的馬路上悠閒散步。不僅氣候變遷的腳步緩了下來，野生動物也重新回到被人類占據的鄉鎮。

我們需要歸零思考，需要更嚴肅的面對和檢討過去幾十年來，甚至百年來人類認為是理所當然的價值和行為。為了滿足物質上的方便和享受，讓科技與知識不停累進，卻帶來更多破壞性的發展。為什麼人類順理成章地不斷破壞自然環境，強取豪奪天然資源供我們所用？

超出地球限度，環境岌岌可危

地球環境受到的破壞到底有多嚴重？

一項具指標性的「地球健檢報告」指出九個重要維持地球運作的環境系統中，已經有四個超過地球可承載限度[2]。即使在主觀的風險認知上，氣候變遷與所造成的極端氣候及天然災害是人類極大威脅，但更嚴重的是土地用途改變；

1 World Economic Forum, *The Global Risks Report 2020*, 2020

2 Steffen, W. et. al, *Planetary Boundaries: Guiding human development on a changing planet*, 2015

圖 3：四個環境系統已超過地球可承受範圍

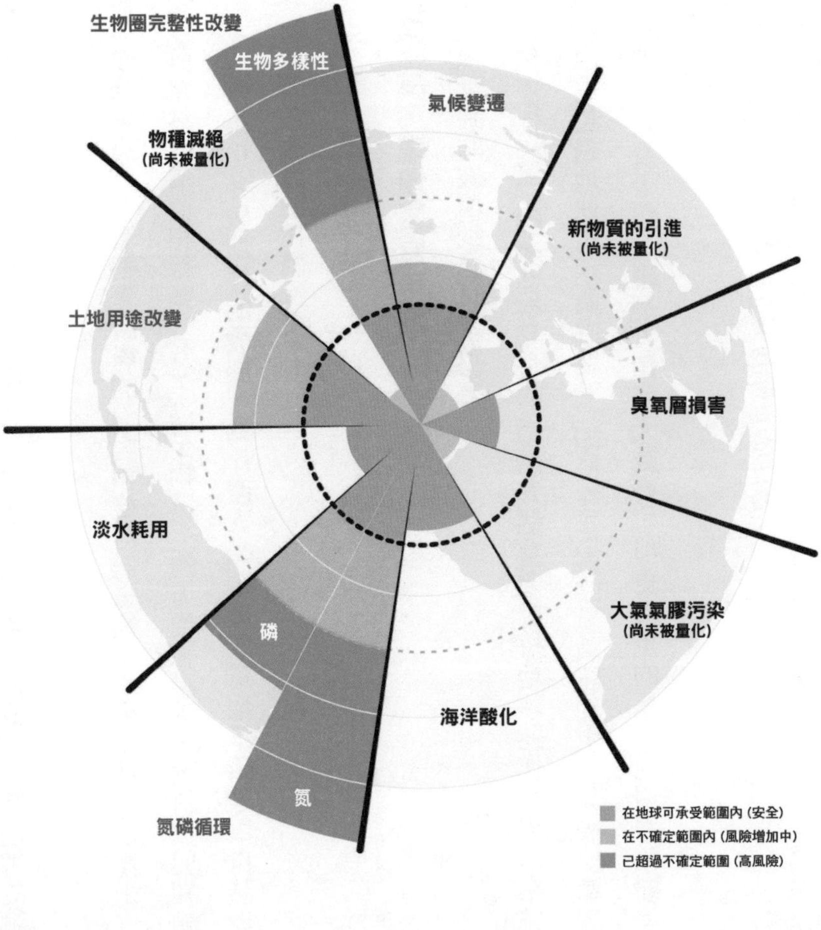

來源：J. Lokrantz / Azote based on Steffen et al. 2015
翻譯：資源循環台灣基金會

氮、磷循環的失衡；還有物種滅絕和生物多樣性喪失，讓地球的生物圈已不再完整；後兩項指標已經到達高危險值，將引發不可逆的變化（圖3）。

十多年前，歐美大量的蜜蜂消失引起恐慌，人們深怕對生態產生嚴重影響。據統計，全世界有高達三分之一的農作物仰賴蜜蜂授粉，蜜蜂一旦消失，將間接衝擊人類生活。而威脅蜜蜂存活的因素和人類活動關係密切，農藥使用和棲地破壞都是禍首[3]。

全球約在二十世紀初開始農業工業化發展，農民大量使用化學肥料，也逐漸打亂氮和磷在環境中循環的平衡。這兩種物質和糧食生產、乾淨水源息息相關。過多的氮肥和磷肥流入地下水和河川後，導致優養化，讓魚類等水中生物缺氧死亡，也污染了水源。諷刺的是，磷礦的儲存量只夠使用數十年，如果濫用情形沒有改善，未來的農業將面臨危機。

這些「破表」的環境負載，如果再繼續惡化下去，地球環境就愈來愈不宜居，嚴重影響我們以及後代子孫的生存環境。

3　里仁事業股份有限公司，《里仁為美專刊第58期》，蜜蜂不見了，二○二○

企業無法置身事外的風險

在全球詭譎多變的局勢下，企業的存續究竟面臨著哪些問題和風險？

環保法規加嚴

全球環境退化促使各國法規對企業的環保表現要求愈來愈高。例如歐盟正擴大「生產者延伸責任制」的範圍，要求更多企業對產品的回收負責。研擬中的碳關稅，增加排碳管制較鬆的歐盟境外產品在進口時的成本，歐盟為台灣第四大出口市場，台灣企業勢必要趕緊強化氣候政策，在碳定價的貿易新局中找到出路。二〇一八年，中國向世界禁止洋垃圾的進口，對無所準備的企業造成重大的打擊。台灣環保法規從空污法、水污法、廢棄物清理法、溫室氣體減量及管理法等，也逐步趨嚴。排放「污染」對企業來說會愈來愈貴，更廣泛地影響企業的運作。

ESG投資趨勢盛行

環境風險節節上升，國際金融體制正以各種監管機制和市場激勵措施，要求企業做好風險管理；同時也幫助投資人理解企業產生的外部影響，檢視企業是否在業務或投資決策中納入因應措施。

除了法規制度外，金融機構和投資人也開始要求企業揭露對環境面的影響。

國際金融穩定委員會成立的「氣候相關財務揭露工作小組（Task Force on Climate-related Financial Disclosures，TCFD）」，建議企業自願說明因應氣候變遷相關的治理措施，讓利害關係人瞭解企業是否對氣候風險管理做好準備；投資者更以「ESG（Environmental, Social, Corporate Governance）」評估企業在環境、社會及公司治理三領域的表現。永續投資規模持續擴大。

利害關係人關注環境和社會影響

消費者對於環境、社會的價值將更加重視；員工、股東、客戶、投資人、社區民眾和社會團體等利害關係人，也比過往更關注企業對環境和社會產生的影響。這些壓力正促使企業採取行動，提升產品的環境和社會表現。

市場日趨重視服務

新世代的消費者，愈來愈能夠接受使用服務的便利而不需要擁有物品。僅著重在大量銷售新產品的企業，尤其是壽命短、一次性的產品，極易錯失與消費者建立關係的機會。

原物料價格波動

供需變化和政經局勢等因素造成原物料價格波動。人口增加所帶來的消費力，將更加劇全球對有限資源的競爭。像是生產顯示器所需的銦、製造電池所需的鉛與鋅，最快在二〇三〇年就將面臨耗竭危機。許多專家也提出警告，金、銀、銦、鉍、鎢等稀有金屬，五十年內就會被開採殆盡[4]。營運仰賴非再生或稀缺資源的企業，將面臨高度風險；另一方面，再生能源成本降低，使用非再生能源的企業需面臨日益趨嚴的環保法規。

在不遠的未來，市場上不斷變動的營運環境、資源稀缺性以及新市場、新技術都將更快速地使既有的供需平衡產生變化。企業的存續，關乎於是否能提升評估環境和社會外部問題的能力，將其納入財務規劃裡，並在作決策時充分考慮到這些不斷變動的因素。我認為存有「被要求再做就好」如此心態的企業，將會日益處於劣勢。

第二節　擁抱SDGs，開闢循環經濟的大道

種種環境被破壞的跡象，在一九七二年催生出全球第一個環境會議，超過百國代表出席討論人類發展模式帶來的負面影響，提出人類的文明不該繼續走向毀

滅，未來是要朝向「永續發展」的概念[5]。後續眾多的國際會議討論，終在一九八七年的世界環境與發展委員會報告中對「永續發展」一詞提出定義：「能夠滿足當代的需要，且不致危害到未來世代滿足其需要的發展。」永續的英文Sustain來自於拉丁語Sustinere，是持續的意思。我認為「永續發展」深刻地提醒我們對後代子孫的責任，並且提供一個更宏觀的架構，帶領我們探索人類與地球如何以更平衡、包容的方式蓬勃發展。繼二〇〇〇年的千禧年發展目標後，聯合國更在二〇一五年提出完整的「二〇三〇年永續發展議程」，裡頭包含十七個彼此相關、互相連動的永續發展目標（Sustainable Development Goals，SDGs），協助我們聚焦設定更清楚的目標，一步步邁向更值得期待、更有希望的未來。

環境有多重要？憋氣數錢可以數多久？

永續發展目標的架構雖完整，但一看到十七個目標，人們多會好奇：「這十

---

4 黃育徵，《循環經濟》，二〇一七，天下雜誌出版

5 一九七二年聯合國於瑞典斯德哥爾摩召開的「人類環境會議（Human Environment Conference）」

七個目標有什麼關聯？」、「十七個目標都要做到，才叫做永續發展嗎？」，這需要回到永續發展三大支柱—環境、經濟與社會，以及治理，四大面向之間的連動性來一探究竟。

十七個目標可分類為（圖4）[6]：

- **治理面：**面對氣候變遷等巨大挑戰，需要全球團結以SDGs為目標，串聯和統整所有努力，才有機會翻轉未來。相關目標包含十六、十七。
- **社會面：**涵蓋人類活著的社會基本需求，包含我們想要實現自我生命價值的需求和渴望、期待生活有好的品質、對於自我主張有平等發聲的權利等等。相關目標包含一、二、三、四、五、六、七。
- **經濟面：**串聯環境和社會面，由生產和消費等經濟活動將環境提供的各種資源轉換成服務和產品來滿足人類的社會需求。相關目標包含八、九、十、十一、十二。
- **環境面：**包含了自然環境裡提供的各式資源，像是水、土地、金屬及非金屬物質；生物多樣性，帶來豐富多元的物種和維持各個生態系的平衡和調適能力；以及生態系統功能，為我們提供養分和氣候調解等的生態系統服務。相關目標包含十三、十四、十五。

這四個層面息息相關。人類透過生產和消費等「經濟活動」，將「環境」提供的各式資源轉換成能滿足我們生活所需的產品或服務，提升整體「社會」的生活品質和幸福感。但是目前「經濟活動」卻也不斷排放出各種廢棄物到「環境」中，造成污染又破壞了大自然的調節能力和寶貴的生態系統功能。從地方到國家到全球的「治理」模式，深層地影響了以上幾個面向。

正如同科學家蓋伊．麥克弗森（Guy McPherson）所言：「如果你認為經濟比環境和健康還重要，你可以試著憋氣數你的錢。」環境雖是我們賴以維生的基礎，但環保行動只能減緩卻無法真正解決問題。因為無法永續的經濟模式才是環境問題的根源。要扭轉局勢，關鍵就是**改變經濟活動運作的模式**。

我們和後代是否都能享有健康的環境，取決於我們能否**優先專注於經濟面的目標群**，大幅重新設計經濟活動中使用資源的方式。讓我們在滿足生活所需時，

6 每個 SDG 都含有社會、經濟和環境面向的內容。為了在落實過程可以有聚焦的方向，各國常會先依國情判斷無法永續發展的關鍵挑戰，再根據各個 SDG 應側重的面向做分類。循環台灣基金會則以各 SDG 側重的面向來作分類。

圖 4：經濟面向的永續發展目標牽動環境、社會面向的目標，需有全球性的治理

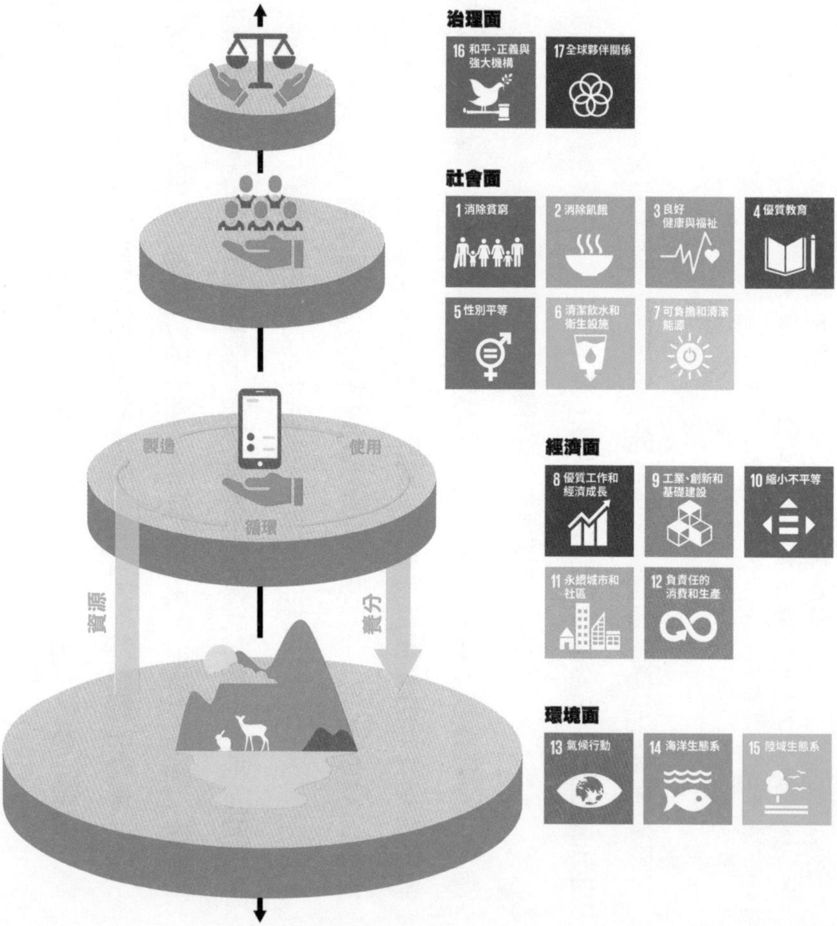

來源：資源循環台灣基金會

不再無止盡地開採寶貴的資源，也停止、甚至回復環境的創傷，送回養分到環境中。這之中的關鍵便是採行**資源可循環運用的經濟模式，也就是「循環經濟」**。

循環經濟，落實SDGs的關鍵策略

循環經濟，是一個資源可回復、可再生的經濟和產業系統。相較於線性經濟「開採—製造—消費—拋棄」的模式，循環經濟採行**「製造—使用—循環」**的模式，透過重新設計、商業模式、提升能資源效率，從源頭避免污染與廢棄物的產生，使用更少資源來創造更多價值。

循環經濟可直接帶動SDGs中經濟面目標的進展，滿足人類發展所需，促進社會面的目標，同時減少了資源需求、碳排放與廢棄物，提升環境面目標的表現。

事實上，循環經濟已經是歐盟、聯合國及多個地區極力重視的新經濟模式。荷蘭甚至明定二〇五〇年要達到完全循環經濟，所有原物料都要能循環使用的目標。世界經濟論壇在二〇一四年便呼籲「現在是時候讓全世界邁向循環經濟了」，並估計循環經濟能在二〇三〇年前帶來四·五兆美元的全球產值，並有助於已被過度開發的自然環境可以被回復。

動盪的時局，合作打造韌性產業

在過去的幾十年中，包含國際政經衝突不斷、極端氣候的衝擊、貧富差距拉大、就業市場不明朗，讓企業經營模式已經不再如過往容易預測。競爭思維下造成的環境風險與社會衝突，讓企業因應不暇；環境風險導致的供應鏈斷鏈風險及營運環境的改變，追求速度、效率、或**短期的「存續」，也未必能更長久的「永續」**。

因此，產業不該一味地追求「脆弱」的勝利，而該堅持打造「韌性」的共好。

「**共同打造的競爭力，才是長遠的競爭力**」，透過推動產業供應鏈走向在地化、循環化，供應鏈便能因為分散佈局而分散風險，即便受到衝擊也較容易恢復。開創在地就業機會，同時開創更多在地的良性互動，也使企業與地方共榮。更強固且緊密連結的能、資源網絡及供應鏈，能夠在遭遇衝擊時有足夠的因應及回復能力，更是創造雙贏、甚至多贏互利的發展契機。

後疫情時代，是掌舵政策的政府與民間企業，可以也應該把握歸零思考的機會，拋棄陳年包袱，尋找創新的「轉機和商機」，提升韌性和產業的競爭力。更進一步從國家層級來看，重新設計現有脆弱、高破壞性的線性經濟模式，轉向發展具韌性、再生的循環經濟模式，對能、資源大量仰賴進口，環境污染嚴重的台灣來說，已經是一條必須要走的路。

第二章　線性經濟：超載的地球，未來的負債

「地球並非我們向祖先繼承而來的，而是我們向後代子孫借來的。」——北美原住民諺語

從工業革命以來，隨著人口及經濟規模的倍增，地球的狀態已從「空曠」走向「超載」。

瓦特發明蒸汽機之時，全球人口還不到十億，然而自一九七〇年開始，地球資源消耗的速度已經超過其再生速度[7]。全球智囊組織「羅馬俱樂部」在一九七二年出版的《成長的極限》（*The Limits to Growth*）中，呼籲地球上天然資源有限，無法支持目前經濟和人口持續增長的速度。如今全球人口更是逼近八十億，對土地的占用、資源的開採、產出的廢棄物都讓地球已經超載。如果把地球看成是一家資產公司，幾十年來的入不敷出，我們將留給下一代一個負債的未來。

在「空曠」的世界裡，經濟成長彷若是理所當然；在「超載」的世界中，我們要追求的並非成長的極限，更要學習如何「在限制中成長（Growth within Limit）」，在天然資源及環境生態健全的雙重限制中，找到人類的繁榮之道（圖5）。

7 全球生態足跡網絡（Global Footprint Network，GFN）每年把人類的資源消耗速度與大自然的再生速度作比較，並把超支的那一天稱為「地球超載日（Earth Overshoot Day）」。

圖 5：從「空曠」的世界到「超載」的世界，經濟模式要改變了！

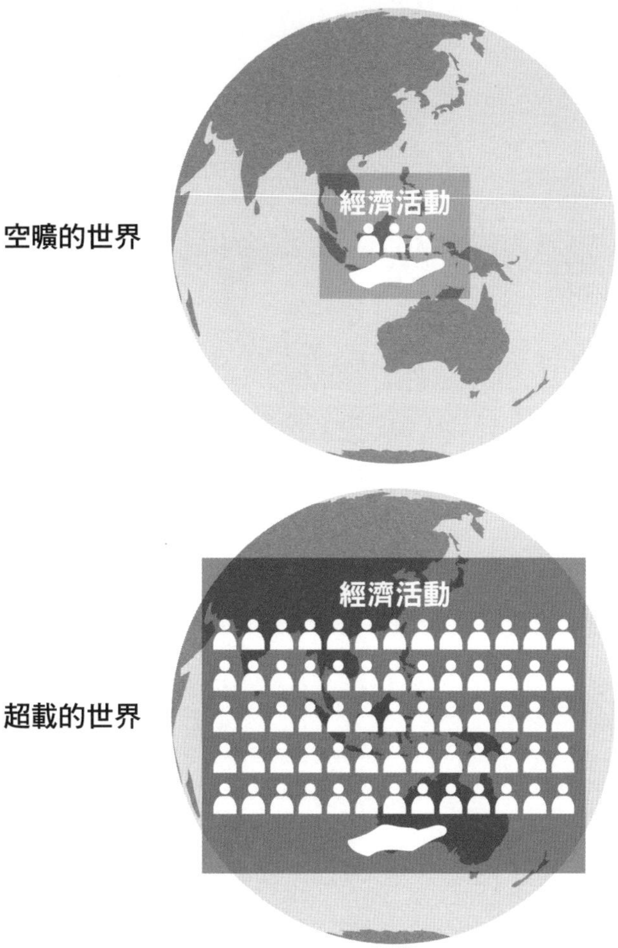

來源：資源循環台灣基金會

第一節　難以為繼的線性經濟

指數成長的大加速曲線

前述的「地球限度」研究顯示，包含氣候變遷、生物多樣性喪失、氮與磷失衡等環境問題已超出承載邊界。然而，這都是人類活動所造成的。

國際著名學研機構展開一項研究，以二十四組數據的趨勢來觀察「人類活動」與「地球環境變化」的關聯性[8]。讓他們驚訝的是，這些數據變化的曲線竟然極端類似，並且發生巨大改變的時間點竟都從一九五〇年開始（圖6）。這組數據研究被稱為「大加速（Great Acceleration）」，可以明顯觀察到地球環境的變化與全球的經濟活動息息相關。

---

8 Steffen, W. et. al, The Trajectory of the Anthropocene: The Great Acceleration, *The Anthropocene Review*, 2015

圖 6：「大加速」顯示經濟活動和地球環境變化趨勢息息相關

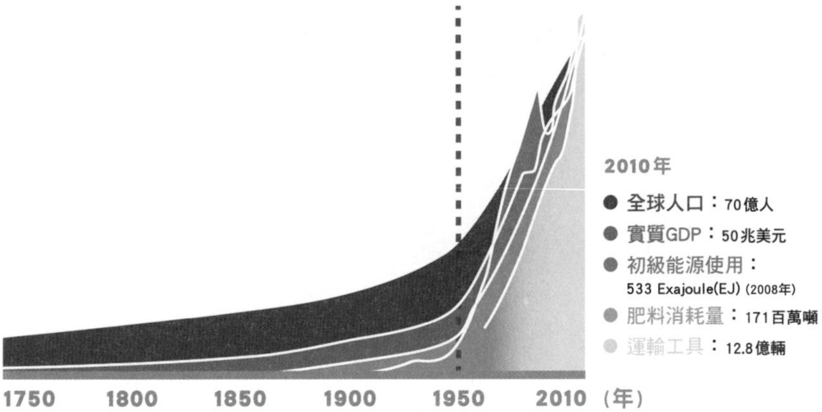

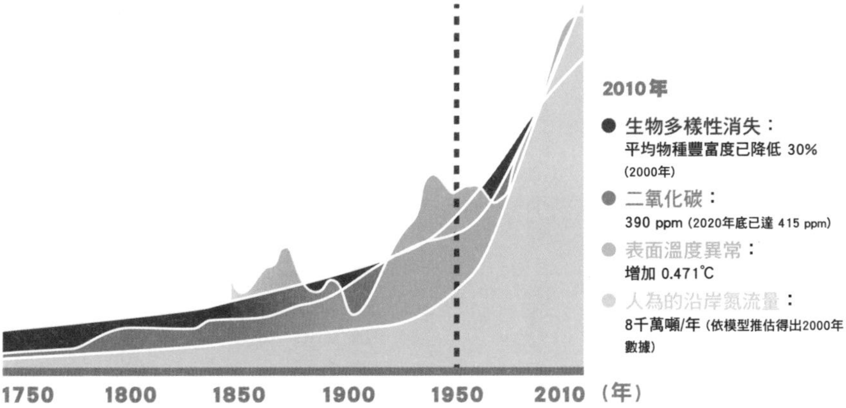

資料來源：Steffen, W. et. al, The Trajectory of the Anthropocene: The Great Acceleration, *The Anthropocene Review*, 2015，僅呈現部分數據的趨勢變化曲線

資料整理：資源循環台灣基金會

從一九五〇年以來，我們的人口增加了二．七倍，經濟規模也成長了九倍。經濟活動的成長伴隨了大量的資源開採和使用，我們的初級能源使用量增加四．七倍，肥料使用量增加了十二倍。總體而言，二〇二〇年全球資源使用量已達到九二〇億噸，卻只有八．六％的資源是循環運用的。

我們不禁要問，「大加速」的情況若持續下去，會造成什麼情況？

其中一項最受人矚目的趨勢是大氣中溫室氣體的變化，因為這與地表的溫度及氣候環境的劇烈變化有直接的關係。聯合國政府間氣候變遷專門委員會（Intergovernmental Panel on Climate Change，ＩＰＣＣ）的報告指出，若改變不夠迅速，全球最快在二〇三〇年將會面臨一．五℃的升溫。

所謂的一．五℃到底有多嚴重呢？在演講時常遇到聽眾不解，溫度差個一、兩度有什麼差別？昨天二七℃、今天三〇℃，我們不都好好的嗎？

讓我舉一個例。有泡過溫泉經驗的人都能理解，在三九℃上下的舒適溫度，在池裡泡上幾十分鐘幾乎沒有問題；但若溫度上升了一．五℃達到四〇．五℃，再升高到四二℃，然後再到四三．五℃……你肯定發現自己能待在池裡的時間一次次驟減，直到根本無法把腿放進池裡。試想，地球上的動物也好、植物也好，有多少能耐來忍受氣候變遷帶來的危害！我們可能都是一群困在溫水裡卻還無意識地嬉耍著的青蛙。

若是全球平均升溫一．五℃，地球將出現極端高溫，中緯度地區的極端高溫將從原本的四〇度上升三度，全球將有一億多人有用水危機。若是平均升溫二℃，中緯度地區的極端高溫可能上升四℃，全球遭洪水危害的風險將大增，特別是東亞地區、北美東部、以及北半球高緯度或高海拔地區，同時將有近二億人面臨缺水。

世界衛生組織（WHO）警告，由於氣候變遷將帶來瘧疾、痢疾、熱壓力症和營養不良，保守估計二〇三〇至二〇五〇年間，每年將有二十五萬人因氣候變遷死亡。因此，國際上更是使用「氣候危機」一詞，來說明趨勢日趨嚴峻。

無法持續的線性經濟

追根究柢，大加速和工業革命以來線性、單向的經濟發展模式：「開採—製造—消費—拋棄」大有關係，簡稱為**「線性經濟」**。

線性經濟的發展高度仰賴資源的耗用來創造獲利。在這模式中，生產者不斷

圖 7：環境和社會問題的根源來自線性經濟

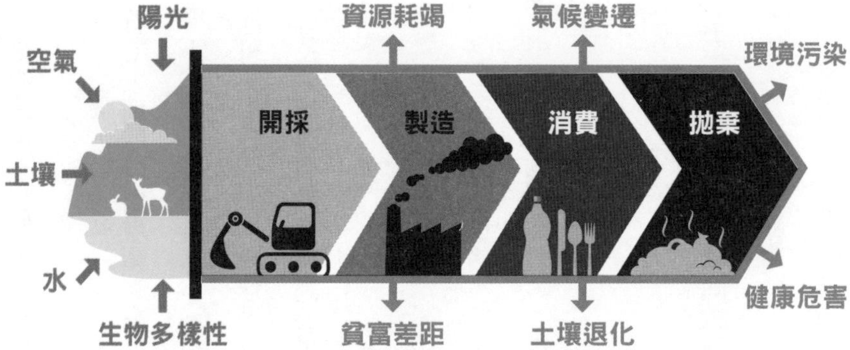

來源：資源循環台灣基金會

開採、使用能源與資源，仰賴不斷賣產品來獲利；消費者則習於用完就丟、快速汰換的生活方式。除了加速天然資源的耗竭以外，過程中排放出的大量廢棄物及污染，威脅我們的健康和破壞環境品質，也是氣候變遷、土壤破壞、生物多樣性喪失等問題的肇因。

線性經濟在過去「空曠」的世界或許還行得通，但在「超載」的世界已經寸步難行（圖7）！

光是採礦，國際上的意外事件和傷害不斷傳來。衝突礦產導致非洲部分國家陷入內戰，礦工甚至還有童工被迫長時間在極度惡劣的環境下開採礦物。二〇一九年巴西礦區大壩潰堤，含有大量重金屬的污泥湧出，造成大量死傷和土地污染。這僅僅是巴西礦區眾多意外事件之一，多是為了開採電子產品必要原料中的貴重金屬。

在線性經濟模式中，開採出來的資源有一大部分是被浪費掉的！例如經濟合作暨發展組織國家的產品製造過程，每年就消耗超過二百一十億噸未能真正用到產品本身上的材料。這些浪費大多是採礦過程中一併被開採出來的非貴重金屬資源；還未成熟卻在捕魚、木材和農業收成過程中就被採收的資源，以及土木建築

圖 8：線性經濟的五大迷思

來源：資源循環台灣基金會

工程開挖出來的土石材料。

據統計，各個國家透過貿易購買來的產品，真正消耗的原物料至少是產品重量的三倍以上[9]！被消耗的不僅是原物料，還有蘊育出這些資源的陽光、空氣、土壤、水及生物多樣性。當我們把物品當成廢棄物拋棄時，也一併將這些付出都扔掉了！部份資源甚至即將耗盡，像是肥料裡的磷、電動車電池用到的鋰及發展再生能源需要的銦。資源的稀缺性，也讓企業能否持續穩定地取得生產所需的資源，帶來更多的不確定；無論是政經地理、價格波動等因素都會產生影響。

線性經濟的五大迷思

在拚經濟的思維驅動下，企業、政府、人民全體踏上「線性經濟」的滾輪，不停地奮力向前。但是卻很少人思考，線性經濟背後五種價值迷思（圖8）。

首先，是因為**「利益私有化、外部成本公有化」**的價值觀出了問題！在線性

9 Ellen MacArthur Foundation, Towards the Circular Economy: Economic and business rationale for an accelerated transition, 二〇一三，數據來源：materialflows.net

經濟思維裡，利潤和利益當為企業老闆、股東等私人擁有，這是被視為合理也理所當然的企業行為和價值觀；但過程中的外部成本和風險，像是天然資源短缺、空污和健康風險等等卻由整體社會來承擔，它們帶來的破壞性，讓線性經濟無法再發展下去。

其次，消費者是「多買多消費」的思維。我常在演講中問聽眾一個問題：「請問各位家中有果汁機嗎？」這時，八成的聽眾舉起手。「一個月內有使用過的請舉手？」這時，一半的人會放下來。「一個禮拜內有使用過的請舉手？」這時，還在空中的手已經所剩無幾了。試問，我們生活中堆置了多少自以為「需要」的物品？到底是我們擁有物品，還是物品奴役我們？

人們對「擁有權」的執著，甚至已成絕大部分人不容挑戰的基本需求和價值，是構成良好生活的必要事物。學者羅素・貝爾克（Russell Belk）點出消費世界中的心理遊戲，消費者會將所持有的物品，視為「自我」的一部分。但我們真的需要這些標籤嗎？

另一方面，廠商更是「多賣多生產」。過去，因為資源取得容易、外部成本又被忽略，促成了企業「多賣多生產」的思維。企業獲利主要靠產品販售，必須要不斷地生產，不斷以千變萬化的行銷手段鼓勵客戶加速汰舊換新，刺激消費者要「多買多消費」。

一部廣為流傳的紀錄片《電燈泡的陰謀》，談的就是燈泡的「計劃性汰舊」——透過設計縮短產品的壽命，以促使消費者必須購買新產品。美國有顆「百年燈泡」（Centennial Light），點亮至今已經一百二十年，民眾甚至還為它辦了百歲生日派對。但為什麼現在的燈泡，用了幾個月後就會壞掉呢？原來是燈泡廠商發現一開始設計出來的燈泡使用壽命太久，燈泡不壞，消費者就不會買新的；因而組成「太陽神卡特爾聯盟（Phoebus Cartel）」，互相規範將燈泡使用壽命限制在一千小時裡。於是看到科技愈進步，產品反而不耐用的矛盾現象。手機剛過保固期限就壞了、印表機的墨水匣明明還有很多墨水，卻因晶片設定使用次數而無法使用等等。但隨著消費者環保意識抬高、廢棄物處理成本高漲，「多賣多生產」的經營策略還會是企業獲利的保證嗎？

在前述「大加速」的趨勢，我們**將天然資源視為「無窮無盡」**，肆無忌憚的開採耗用，彷彿取之不盡、用之不竭，只要用錢便可買到。可曾想過，人類有權耗盡大自然的一切資源嗎？「大地並非我們向祖先繼承而來的，而是向後代子孫借來的，」北美原住民的諺語說得好。許多與土地共存千年、甚至萬年的原住民，包括我們台灣的原民同胞，都把土地視為公共財，人類僅有「使用權」。在這樣的思維之下，若每個人都能負責謹慎的使用每一份資源，或許今天的地球能有不同樣貌？

最後，是把**廢棄物視為「必要之惡」**。大量生產、消費的生活文化，讓污染被認為是經濟發展的必要之惡。在製造過程中，產出的各式污染只要符合環保規範就可以被接受。消費後會有廢棄物也被視為是必然的，可以被完善處理就好。因此我們看到掩埋場、焚化爐被當作是現代化鄉鎮和都市規劃的要件。如今隨著科學的進步與社會大眾的意識提高，我們還能夠繼續漠視過去「隱形」的外部成本嗎？

GDP「成癮症」

「你知道今年的GDP成長是多少嗎？」

「GDP跟你的生活有什麼關係？」

我演講時常問聽眾這些問題，然而大多沒有人能回答的出來。多數人隱約知道，GDP跟經濟成長「應該有關係」，因此即使不知道GDP的意義，但仍然熱烈地討論它。每年主計總處會公布，媒體會瘋狂引用，並跟其他各國做比較，甚至用GDP作為疫後復甦的反轉指標。數字若成長則普天同慶，成長若不如預期則怨聲載道。但是GDP到底反映了什麼？

GDP全名為國內生產總值（Gross Domestic Product），是早在一九四四年時提出的概念，用以估算期間內該區域經濟活動所生產出的產品和勞務的市場價值。

「GDP衡量了所有的東西，就是無法衡量生活和生命的價值，如婚姻美滿與否、小孩健康與否、對弱勢的照顧等，」早在五十餘年前，羅伯·甘迺迪（Robert Kennedy）於一九六八年競選美國總統的演說中，就曾直指為何GDP指標無法真實地反映和詮釋一個社會的成長與進步。

GDP既涵蓋了許多負面的經濟價值，像是香菸廣告金額、防盜門鎖數量或是核彈頭的數量；又同時忽略了許多正向的社會價值，像是孩童的健康、公僕的誠信、對弱勢的照顧與對國家的奉獻；GDP也無法量度生活所需的環境品質，在台灣，我們每年付出的環境成本高達五千七百億，卻從未被計入GDP的討論之中。但我們愈「拚經濟」，持續盲目的推動GDP成長，愈將高度破壞性的線性經濟模式落實得更完美！

GDP無疑是過度簡化的指標，既無法衡量我們的智慧，也無法衡量我們的勇氣。多位經濟學家，包含諾貝爾經濟學獎得主史迪格里茲（Joseph Stiglitz），都倡議：「該是把GDP『做掉』的時候了！」

第二節　忍心把五低留給下一代嗎？

有個讓我掛心多年的往事，當時我剛進入一家民間企業服務，正值編審預算期間，看到有個預算案編列了數百萬費用，要在工廠內多處定點「換土」。當下我有點錯愕，心想為何要換土？瞭解後才明白原來換土是許多類似產業行之多年的「正常」支出。工廠為了要確保能通過環保單位的定期抽檢，會在檢測前先找出廠內可能受到污染的區塊，然後進行換土作業。

取巧的手段，免除了罰款與後續土壤整治的麻煩事，卻讓第一線工作同仁、周圍社區和生態承受污染風險。再者，這些換置的土壤是否會被妥善處置？是否造成更多的污染了？我卻不得而知，我一再捫心自問「這樣粉飾太平的態度和處理方式，負責任嗎？」答案其實相當明顯。

台灣的挑戰是「五缺」還是「五低」？

在「拚經濟」的思維之下，二〇一七年行政院發佈台灣的經濟發展政策，提出為企業排除缺水、缺電、缺地、缺工和缺人才的「五缺」投資障礙。但我們更應該要優先討論的是，台灣未來到底要拚出什麼樣的經濟？換句話說，未來幾十年台灣的產業組合會長什麼樣子？工業、製造業、服務業、農業等各式產業的占比會有何改變？不同的產業組合對五大生產要素的需求會截然不同，因此我們需要針對未來產業對資源的「需求」和「供給」，進行專業的分析。如果在缺乏量化數據的支持下，就直呼「五缺」，恐會傷害到行政部門的可信度，更會導致不必要的社會紛爭！

過去一甲子，台灣拚的是高度依賴資源使用的代工型經濟。身為一個天然資源短缺的國家，原物料皆仰賴進口，先天就缺乏可以大量耗費能、資源的條件和優勢。台灣夾在「缺乏天然資源」和「缺乏經濟規模的需求市場」這兩個困境之中；既無法掌握原料端，也缺乏後端市場支撐。台灣一直是以「結構性的弱者」來和別人競爭。線性經濟的遊戲規則，也讓台灣代工業者幾乎完全受控於品牌商和原料供應商。

低價競爭的時代早已過去，即便解決五缺，滿足了部份業者的短期需求，但是它能引導和鼓勵產業創新的升級和轉型嗎？再者，產業的問題真的是「五缺」嗎？初階的市場經濟學告訴我們，價格是影響供需的關鍵因素。資源的供、需和價格決定了資源是否「短缺」。因此，如果我們不先討論未來二十年台灣計畫要發展的產業，如何規劃這些產業組合對於資源的「需求」，如何會有眼前供需失衡的「五缺」結論呢？

中長期而言，我認為比起「五缺」，台灣企業正在面臨的課題其實是「五低」。

台灣社會普遍視低價為理所當然，企業也希望能資源及土地應該要便宜，環保成本要低，融資和稅制也要低；最後，讓低薪資也成為必要的「競爭條件」。長久下來，「五低」成為代工產業文化的特質！專注於「低成本」的企業文化和社會發展模式下，不但會導致珍貴資源的浪費，也無法打造出「高值化[10]」的產品、服務和生活型態！這也是為什麼過去幾十年來，我們的「高值化」多半只淪為口號的原因。

最近一兩年來，因應美中貿易談判，台商陸續回流；新冠肺炎的爆發再度讓台商的何去何從成為社會關心的焦點。台商回台投資後，三大問題也浮上檯面——台灣製造業要繼續不停地把工廠搬向營運成本更低的國家嗎？台灣製造業是否有能力發展新的商業模式嗎？台灣還要繼續靠「五低」來延續下一波的競爭力嗎？這三個問題背後其實關乎的是，面對「代工宿命」，我們還要繼續走下去嗎？

長遠來看，我們的水和能源價格不可能更便宜，土地不可能永遠廉價，環境成本也不可能被忽視，我們的薪資也是不可能、更不該持續停留在幾十年前的水準。

台灣的大小業者普遍把追求「低價和便宜」，視為是維繫企業競爭力和生存的必要條件；然而，隨之而來的低價惡性競爭，讓台灣付出了「五低」的代價。儘管台灣代工業者不斷地為了下一個訂單打拚，生存依舊掌握在品牌廠商手中，

10「高值化」是近年政府重要的鋼鐵、石化產業政策。

時常面臨被抽單的威脅；而沒有充沛天然資源，企業還需克服原物料供應斷鏈的風險。長年下來，沒有客觀條件又要硬撐下去的矛盾，造成台灣在環境、社會、經濟、政治層面的壓力，該是釋壓的時候了！

化劣勢為優勢，台灣可以領路

追根溯源，正視五低問題、正視台灣的雙重結構弱勢，才能掌握我們翻身的機會。

台灣以堅實的製造業在世界闖出一片天，面對未來，線性經濟只會讓製造業面臨更嚴峻的雙重困境，更該未雨綢繆，找回營運主導權走出自己的路。台灣有豐富製造經驗、中小企業充滿彈性與應變能力，在各式技術及服務的創新已有堅實的實力。身為移民社會的台灣，擁有多元文化價值，友善的環境能吸引來自世界各地的人才加入。只要對未來能有許多想像，台灣可以是全球推動新經濟模式的創新熱點。這將是讓世界看到台灣的決心與能力的大好機會！

站在轉型的十字路口，我們必須負責任的勇敢選擇，走出「假象」的舒適圈，用心、專業、有智慧地重新規劃台灣未來二十年，能更符合我們下一代所需生活方式的經濟模式。因此「轉型循環經濟」已經不會只是台灣發展的一個選項，而是要根本性反轉五低「代工宿命」必然要走的一條路！別再重複拚「舊的線性經濟」，而要一起在循環經濟中尋找新機會。

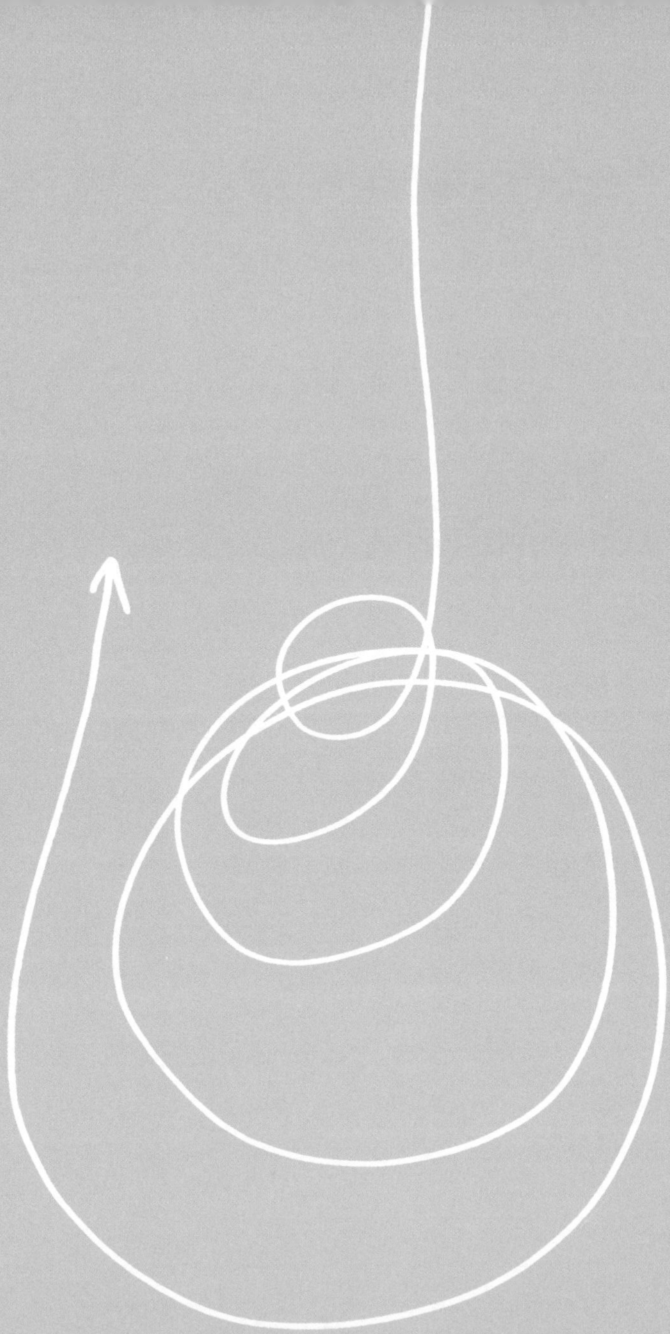

第三章　循環經濟：用更少資源創造更多價值

「對抗既有的現實，你永遠無法改變現狀。要改變現狀，應該要建立一個新的模式，讓既有的過時。」

——巴克敏斯特．富勒（Buckminster Fuller），美國建築師及發明家

「你對未來樂觀嗎？」面對無國界的環境危機，常常有人這樣問我。

「我們有權利選擇悲觀嗎？」我總是這樣反問。

如果未來只是過去的延伸，當未來來臨時，我們將會十分的失望。循環經濟會吸引我，並不在於會直接提供解決眼前困境的「答案」，而是循環經濟讓我看到未來可能潛力和想像空間，讓我們可以擺脫過去、想像未來，從失望和危機中尋獲希望和契機。

讓我們歸零思考，將線性經濟封存，打造一個截然不同的經濟發展模式。「循環經濟」就是這個新的、再生型的經濟模式，與資源使用、環境衝擊脫鉤的經濟模式。

期待不一樣的未來，就要從凝聚不一樣的價值、做不一樣的事開始。

第一節　3R到2R，從源頭啟動循環經濟

「為什麼要保護環境？」演講的時候聽見我如此提問，聽眾通常會露出詫異甚至質疑的表情，覺得這豈不是理所當然？「如果我們不曾破壞環境，又何必需

要『保護』環境呢？」我接著說。這時，聽眾往往露出恍然大悟的表情。

比起如何在破壞後再保護環境，深思造成環境破壞的原因並且能有效處理，難道不是更重要的嗎？

脫鉤：在地球的負荷內成長

在第二章所述的「大加速」的數據中顯示，經濟成長伴隨著資源耗用，也帶來對環境的影響。在這之中，**資源扮演著舉足輕重的角色**。根據聯合國的統計，資源的開採、製造、消費與拋棄的過程造成了全球九〇％以上生物多樣性的喪失及水資源的壓力，還有超過一半以上的溫室氣體排放，更別說是廢棄物及污染了！在ＳＤＧｓ的十七個目標中，就有十個與資源使用直接或間接相關。因此，妥善地運用及管理資源，才是可以治標又治本、達成社會永續發展的關鍵策略！

如何妥善運用資源呢？聯合國提出了「脫鉤」的概念。簡單來說，就是**用更少的資源，更少的污染，創造更高的價值**（圖9）。

圖 9：脫鉤——用更少的資源、更少的環境衝擊，創造更多的價值

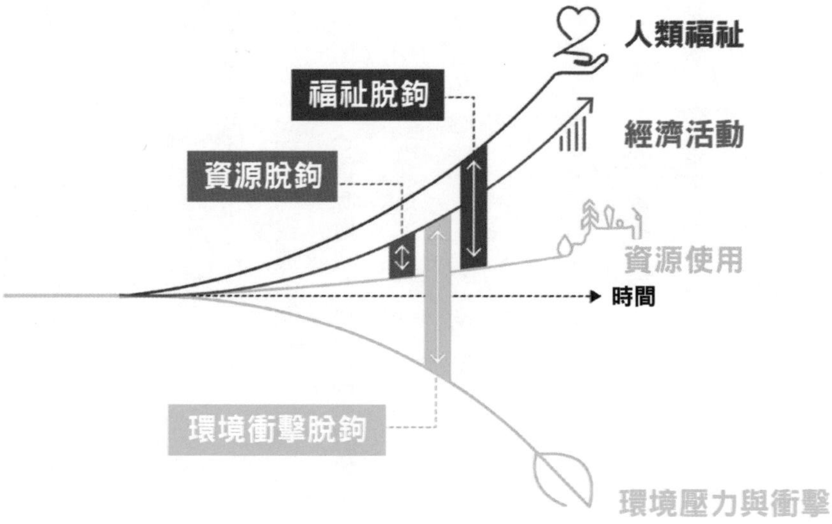

資料來源：改繪自聯合國環境署國際資源委員會，*Global Resources Outlook 2019: Natural Resources for the Future We Want*, 2019[11]

翻譯：資源循環台灣基金會

第一重脫鉤：經濟活動與資源使用脫鉤（Resource Decoupling），將每一份資源的產出效益極大化，追求資源生產力的提升。

第二重脫鉤：經濟活動與環境衝擊脫鉤（Environmental Impact Decoupling），追求經濟活動時環境衝擊的最小化。

第三重脫鉤：資源使用與人類福祉脫鉤（Well-being Decoupling），最終，人類社會的幸福感，不需要靠資源的耗用來提升。

---

11 IRP (2019). Global Resources Outlook 2019: Natural Resources for the Future We Want. Oberle, B., Bringezu, S., Hatfield-Dodds, S., Hellweg, S., Schandl, H., Clement, J., and Cabernard, L., Che, N., Chen, D., Droz-Georget, H., Ekins, P., Fischer-Kowalski, M., Flörke, M., Frank, S., Froemelt , A., Geschke, A., Haupt , M., Havlik, P., Hüfner, R., Lenzen, M., Lieber, M., Liu, B., Lu, Y., Lutter, S., Mehr , J., Miatto, A., Newth, D., Oberschelp , C., Obersteiner, M., Pfister, S., Piccoli, E., Schaldach, R., Schüngel, J., Sonderegger, T., Sudheshwar, A., Tanikawa, H., van der Voet, E., Walker, C., West, J., Wang, Z., Zhu, B. A Report of the International Resource Panel. United Nations Environment Programme. Nairobi, Kenya.

循環經濟，是一個資源可回復、可再生的經濟和產業系統。相較於線性經濟「開採—製造—消費—拋棄（Take-Make-Consume-Dispose）」的模式，循環經濟採行「製造—使用—循環（Make-Use-Circulate）」的模式，透過重新設計、商業模式、提升能資源效率，從源頭避免污染與廢棄物的產生。

究竟「循環經濟」和既有的「線性經濟」有什麼不同？線性經濟是高度消耗資源的破壞型經濟，它的成長仰賴無止境的消耗「有限、有形的資源」。相對地，循環經濟則是經由設計，讓資源能在產業系統內循環再生，能讓產業發揮「無限、無形知識」價值的商業模式。

對企業而言，「脫鉤」意味著在整個生產與消費的系統之中減少資源的耗用，同時不對環境帶來額外負擔，並且提升對客戶的價值。不停朝向「脫鉤」目標努力的企業，能夠減少風險、減少成本，且能以創新、更好的服務、贏得利害關係人的信任，打造新的競爭力及重製成長曲線。

3R 還不夠，循環經濟的 2R

談到循環經濟，很多人馬上接口：「我知道，就是『3R』嘛！」

減量（Reduce）、再使用（Reuse）、回收再利用（Recycle），這個小孩子都朗朗上口的垃圾減量「3R」策略，台灣已努力二十年，從建置系統到普及教育，做出很不錯的成果，回收率超過六〇%，甚至屢屢被外媒稱為「廢棄物處理的天才」。這樣的成果卻達到隱形的天花板，很難再提高；民眾也時不時聽見，回收後的物品未必有處理的消息。到底3R策略有著什麼樣最根本的不足呢？

大家一定很熟悉紙類回收，也許還曾有收集過期報章雜誌、舊書賣錢的經驗。一九八九年環保署在全台放置外星寶寶資源回收桶時，就將紙類訂為四大回收資源之一，國內回收紙類的成效已是全球第二，每一張紙平均可以回收六次。回收來的紙類中，卻參雜了淋有塑膠膜的紙品、紙餐盒、鋁箔包、熱感應紙，影響了處理效率與再生紙的品質。

為了處理含塑膠膜的紙類，紙廠必須以特殊設備分離紙漿與塑膠淋膜，並且想辦法處理衍生的塑膠廢棄物。近年來因為列印電子發票而大量產生的熱感應紙，因為使用了複合材質而無法回收。甚至許多市售的油墨是以開採石油而來的礦物油製成，除了在印刷的過程中會揮發出有毒氣體，在回收的脫墨處理過程中，更可能因殘留而污染紙纖維，破壞了後端再生紙的品質。民眾喜歡淨白的紙張，導致紙廠更需施以大量漂白劑來取悅市場，衍生更多的水污染。

在這樣的機制之下，產品的設計有缺陷，回收的機制無法有效分選，再利用的過程造成更多污染。愈高的「回收率」，會不會把錯的事情做得更徹底？

也很多人提倡「再使用」。以家電來說，有些民眾出自惜物的善意，在換購節能、節水的家電設備後，將淘汰的老舊電器轉贈給經濟弱勢者使用；但由於這些電器已經老舊，此舉反而讓受贈的弱勢家庭增加電費開銷，甚至成為全年收入的一〇％至二〇％都用來負擔電費的「能源貧戶」。不當的再使用，反而造成更多的環境衝擊，更違背了善意的初衷。

因此，3R 是在處理線性經濟問題的治標措施。若要治本，需要從源頭解決問題，必須談 2R：「重新定義（Redefine）」，再根據定義後的目標「重新設計（Redesign）」，才能從少做一點壞事（less bad）的權衡之策，轉變成追求更好更高價值（more good）的積極之道。

重新定義需求與供給

需求：從「消費」到「使用」

「我們不是活在一個動作會引發可預測結果的線性、牛頓式的世界。相反地，我們活在一個複雜的系統，環境、社會政治、經濟系統都不停地在重新配置，不停地影響我們，」在二〇二〇年 OECD 出版的報告《面對經濟挑戰的新方法之中》[12]，描繪出現代世界快速變化、動盪和愈來愈無法被掌握的特性。物聯網的應用讓世界如同一個巨型的服務平台，有大量的物品可任君隨選即用。過去人們買唱片聽音樂，進戲院看電影的行為，已經大量被 Apple Music、Spotify、Netflix 等訂閱制的服務取代。

在第二章我們曾探討過線性經濟的缺陷之一：多買多消費。「消費（consume）」這個詞被普遍使用，卻甚少有人反思這個詞彙的荒謬性。「Consume」

12 OECD, *A Systemic Resilience Approach to Dealing with Covid-19 and Future Shocks*, 2020

這個英文的字源，原有「摧毀」意涵，後有揮霍、耗盡的意思，然而，我們真正需要的是產品的功能、它所帶來的價值，並不需要消耗產品及裡面所有放進去的資源。

當年輕世代紛紛選擇從「擁有」轉向「使用」，以取得最大程度的彈性與開放；社會上「斷捨離」的風潮，更顯示有愈多人選擇離開物質的奴役，轉向更簡單、輕盈的生活。因此，我們不妨反思：我們是需要的是「消費」還是「使用」？

供給：從「賣產品」到「提供服務」

在這樣的趨勢之中，客戶想要的不是擁有產品的形體，而是他們真正的需求是否有被滿足。提供服務讓企業更容易調整創造價值的方式和內容，更能因應大環境的動盪和消費市場的多變。

再者，生產者如果大量生產產品，將廢棄及回收的責任轉嫁給政府或其他業者，即使負擔回收費用，已經不足以回應客戶對企業責任的期待。台灣的資源回收管理基金制度，截至目前為止共有三十三類產品，在廠商製造或進口產品之時，便需繳交一筆基金作為產品廢棄時的處理費用，稱之為「生產者延伸責任（Extended Producer Responsibility，EPR）」。這個基金的運作，成功地建立起了台灣的回收體系。但你可曾想過，當生產者賺取利益，消費者享受完畢，為什麼是環保署、環保局的同仁天經地義的要負責「處理」？所有廠商繳納一樣的費用[13]，如何有動機使用更好的材料，從源頭改變產品設計呢？更何況，更有數百千種的產品還未列管。這些產品後續的回收處理，誰來負責呢？

產品的生產者對產品的組成和拆解擁有最完善的知識，應該展現對產品永遠負責的態度。廠商擁有產品，使用者付費使用服務時，生產者才真正有了全部的責任。這時，廠商便有高度動機從源頭改變產品設計，設計易拆解、易保養維修、高品質的產品，以符合消費者需求與市場技術的進步；同時也不須再承受原物料的供應風險。我稱之為「生產者擁有責任（Extended Producer Ownership，EPO）」。資源循環台灣基金會（以下簡稱循環台灣基金會）開始推廣這個概念

13 現有少數物品有綠色費率，鼓勵廠商採取綠色及環保設計，但評估標準中大多著重示「省能源」及「低污染」，對於二次料的使用、易維修、可升級、易回收等規範少。

以來，我們欣見環保署著手修改相關法規，鼓勵更多廠商以EPO取代EPR。

資源：從「成本」到「資產」

資源耗竭的風險固然令人憂慮，但是因為消耗資源，尤其是化石燃料，帶來的氣候變遷所造成的大規模自然災害，可能更早到來。因此，有多少資源的儲存量「可供使用」並非是我們最該擔心的議題；相反的，有多少「不該被使用」的石油、煤炭，恐怕才是關鍵。企業不應該再將資源視為生產費用的「成本」，而是轉而視為「資產」持續循環使用，降低原物料供應及營運上的風險。

廢棄物：從「必要之惡」到「錯置資源」

大自然之中沒有所謂的「廢棄物」，所有養分都能成為其他生物所需。相同的，一間公司的廢棄物可能僅是沒有身份、不為人知的「錯置資源」，當我們知道其中的組成、特性與來源，就能更好的規劃使用方式，這些需要去化的「必要之惡」，可以產生「資源化」的價值，成為另外一間公司所需的資源。因此，在循環經濟中，更重要的是以資源管理取代廢棄物管理的思維。

歐盟在推動循環經濟的過程之中，將廢棄物區隔為「廢棄物」及「副產品」；台灣的環保署，也開始透過修法或函釋，鼓勵生產者負擔擁有的責任，而不再將使用過的物品定義為廢棄物。現在更有愈來愈多的廠商，採行ISO 14052的「物質流成本會計」，將製程中的產出列為「正產品」與「負產品」[14]，此舉有助於企業重新思考，如何將產品由負轉正，而非視為廢棄物去化。

在邁向循環經濟的過程之中，唯有貫徹重新定義「需求使用者的」與「供給產品的」，生產與使用過程所使用的「資源」及衍生出的「廢棄物（缺乏身份的錯置資源）」，我們才可以進一步討論，如何來「重新設計」一個循環的經濟系統。

14 物質流成本會計（Material Flow Cost Accounting，MFCA）主要的概念在於將所有製程中的產出皆視為產品，分別為正產品與負產品。正產品為可販售獲利之物品；負產品為所投入之能資源及製造過程中所產生的廢棄物。

第二節　重新設計資源循環的方式

一顆「蘋果」掉到土裡可以分解成為養分，一支「蘋果手機」丟到土裡卻可能百年不會腐化，甚至造成污染。從「線性」到「循環」，企業可從產品的生產到使用等不同生命週期階段，重新設計（Redesign）資源循環的經濟模式。這兩大循環，主要可分為工業循環及生物循環：

工業循環：留住每一份資源

在工業循環中，包含電子設備、汽機車零組件等產品，其化合物、合金等科技和人造物質，最重要的目的是將**資源長長久久地運用**。產品優先以原形式延長壽命；其次思考如何留存重要零件的價值；真的無法保留時，再透過處理再生回到資源的型態保留在人造系統裡，不隨意散落到大自然之中。為了留住每一份資源，更需要從源頭的材料與設計開始規劃。

工業循環整體來說可區分為八個階段（圖10）：

（一）**材料選擇**：使用安全無毒的材料，並減少材料使用、簡化組成。依據

圖 10：工業循環的八個階段

來源：資源循環台灣基金會

生命週期需求選擇

- 耐久性產品：選擇耐久、可多次循環、回收材料
- 流動性產品：優先使用可再生、在地材料（需搭配生物循環基礎建設）

（二）**產品**[15]**設計**：透過模組化設計，使產品易於拆解、維修、升級、再製造、回收。以符合使用者需求為目的，並於產品生命週期節省能資源耗用。

（三）**製程優化**：以零廢棄、零排放、零事故為目標，將生產製程各階段所需的水、能源、資源使用效率極大化。生產設備或化學品可採取租賃服務型商業模式。

（四）**副產品資源化**：將製程的副產品投入另一個製程或直接作為產品販售，循環方式可分為企業內循環、產業內循環、跨產業循環。

（五）**維修／再使用**：維修是透過排除故障或更換零組件，讓產品恢復原始的功能。再使用則是指將轉換產品的擁有者。

（六）**翻新／再製造**：翻新是透過相對完整的檢查與零件更換，讓產品恢復到近乎新品的良好狀態。再製造則是透過一套完整的標準作業程序，讓產品擁有與新品一樣或更好的表現與保固。

（七）**分類／收集**：分類是在產品使用週期結束後，依材質妥善分類。收集則是將分類後的產品，送到對應的收集與處理管道，這個過程通常被稱為「回收」。

（八）**處理再生**：將使用結束後的產品，經過一系列處理程序可作為同種或另一種產品的二次料[16]。這個過程通常被稱為「再利用」。

工業循環案例：移動需求的改變，驅動汽車產業的循環

汽車廣告經常販賣著「擁有它」你將掌握一切。事實上，全球超過十億輛的私人汽車，一天有九五％的時間是處於閒置的狀態。

上班族集中在平日上下班、週末出遊時，駕駛所擁有的車輛，卻得持續負

15「產品」在此指最終產品（End product），即已具備預定功能、不再加工、可供最終消費和使用的產品，例如衣服、手機、汽車等。

16 二次料（recycled material）也經常被稱為回收料與再生料，指的是將使用後、分類收集而來的產品，重新還原成材料，以作成同種或其他產品。可回收材料（recyclable material）則意指能夠透過處理再生的過程成為二次料的材料。可再生材料（renewable material）意指非使用有限礦產資源，而是緣自於大自然能被不停補充再生的原料。

擔停車費等各項開銷。隨物聯網、車聯網興起，使用者開始意識到：自己需要的不是一台車，而是「移動」。以荷蘭為例，二〇一五年汽車只有三分之一是銷售給終端消費者，租賃契約則比二〇一四年成長一倍，預期二〇二〇年將再提升三倍[17]。

然而，使用者需要什麼樣的移動呢？之前聽聞我朋友夫妻倆為了要買哪一款車而爭執，先生著眼在城市還是小車比較方便，太太卻想到假日一家三代出遊，當然是大一點的車比較舒服；兩人所考量的需求再真實不過，因為需求是多元、有彈性、甚至會隨時改變的。在高度變化的時代，「使用服務」更能滿足需求。

許多移動服務的商業模式已陸續在台灣誕生，舉凡GoShare、WeMo和iRent，還有家喻戶曉的YouBike。在這樣的商業模式下，移動工具成為生產者的資產，為了創造更好的收益，生產者有誘因主動維持良好的性能、減少維護成本，也將驅動產品重新設計，讓原本可能的廢棄物，有機會成為下一輛車子的零件。

根據統計，平均一台共享汽車可替代二十台車，提升汽車使用率。也就是說，滿足同樣的需求，只需要花二十分之一的資源。使用率提升帶來的耗損，也讓汽車製造商採取行動，在車輛設計、使用跟終止使用階段，發展更能循環利用的積極策略來減少廢棄物問題，並設法讓汽車成為更有價值的資源（圖11）。

在**材料選擇**上，為同時滿足輕量化、安全性與可回收的需求而開發新循環性材料；採用易拆卸的**產品設計**，減少黏膠、發展可重新裝配的零件；透過智慧系統收集來的數據，優化車輛運作與維修；將零組件設計為**再製造**與**可升級**，也更積極設法延長生命週期；當車輛終止使用時，汽車供應鏈間則開始更緊密地合作**回收**可循環使用的材料，並積極修復零件，開拓了二手零件的市場。因此改變了過去汽車回收價值甚低卻仍造成環境污染的狀況，並打開了創新的契機。

透過工業循環，這些資源可以持續地在製造過程中循環，降低了生產者的原物料供應風險，也解決了廢棄車輛的處理問題，達成滿足需求與資源使用、環境污染的「脫鉤」。

YouBike 正是台灣重新設計「工業循環」的絕佳案例。藉由「重新定義」使用者在城市移動的需求，重新設計整套系統，包括輪胎加厚易於騎乘、耐用的車

---

17 Circle Economy & ABN AMRO, *On the Road to the Circular Car*, 2016

圖 11：一台共享汽車可滿足二十個人的需求

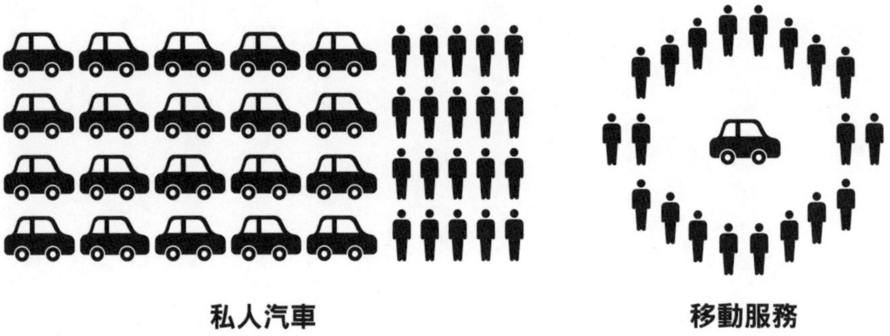

來源：資源循環台灣基金會

鏈設計、高度結合機械及電子設備等耐用且方便的**產品設計**，背後更集結了許多台灣在地的精湛技術，及搭配完善的**維修**維運服務。台北市平均每天每台服務十二人次，運轉率為紐約、倫敦、巴黎類似服務的二至三倍，達成以更少的資源滿足更多的需求，創造更多價值。

生物循環：生生不息的資源

相較於工業循環，從土地裡長出的食物、生質原料等生物質，目的並非將資源長久的運用，而是**強化資源再生的能力，打造生生不息、零廢棄的系統**。生物質的基礎來自健康的土壤，從生產到消費的過程中，善用每一份資源，最終回歸土地成為養分，開啟下一次循環。

生物循環整體來說可分為六個階段（圖12）：

（一）**多元種植／養殖**：保護水、土壤、生物多樣性，揮別慣行農法，透過輪作／牧、混種／養或農林漁牧複合等方式來維持地力。

（二）**生產優化**：以零廢棄、零排放、零事故為目標，將種植、養殖或加工各階段所需的水、能源、資源使用效率極大化。生產設備可採取租賃模式。

圖 12：生物循環的六個階段

來源：資源循環台灣基金會

（三）**全利用**：將生物質的每一部分製成藥品及特用化學品、食品及飼料、大宗材料及肥料、或燃料與電力，發揮所有價值。

（四）**運銷管理**：減少物流的能資源浪費，透過通路商的庫存管理，以及媒合到所需要的社群，減少食物浪費。

（五）**分類／收集**：分類是將剩餘的生物質，依照特性妥善分類。收集則是送到對應的收集與處理管道，這個過程通常被稱為「回收」。

（六）**資源化**：依價值高低，依序進行飼料化、材料化、能源化，作為另一產品的能資源來源，或肥料化回到土地作為養分。

生物循環案例：善用每一份資源，驅動畜殖產業的循環

曾經有位養豬業二代和我說：「因為家裡養豬的關係，從小我的身上都是臭味，甚至連指甲和頭髮都是，沒有人願意和我做朋友，成長過程是孤獨的。」

台灣不少養豬場到現在仍用傳統方式養殖，不但散發著讓附近居民難以忍受的臭味，大量抽取地下水沖洗豬舍所產生的污水，對河川造成龐大的壓力。動物福利更難以顧及，開放式的卡車讓豬隻在高速公路上日曬雨淋，到了拍賣市場，

嚼著檳榔的同仁以電擊來驅趕豬隻，這種作業方式也早已不合時宜，更在無形之中影響豬肉的品質。事實上，台灣二十年來對養豬產業都沒有重大投資，導致我們現在每生產一頭豬，背後付出了許多環境與社會成本。

然而在大自然中，動物糞便、枯枝落葉或是昆蟲屍體都不是廢棄物，反而是滋養土地的養分，這是自然生態經過幾十億年的演化所創造出來生生不息的平衡。當我們學習自然生態的平衡，以全新的眼光看待畜殖產業，運用生物循環重新規劃，畜殖產業將有全新的面貌。

首先，動物與大自然有許多共存方式，比如「混牧林業（Silvopasture）」，樹林提供牲畜較佳的營養與庇護，牲畜的健康狀況提升，有助於繁衍後代，讓肉類、牛奶的產量提升五至一〇%[18]。牲畜則可控制樹林間的雜草，其糞便成為天然肥料，以**多元種植／養殖**創造更健康、更具地力的土地，在地的飼料也能減少碳排。**生產優化**可從養豬場的升級改造開始，以高床養殖創造良好環境並優化豬糞尿收集運用，同時也能減少清洗豬舍的用水。

例如台糖東海豐農業循環園區，由於豬舍改建，每頭豬平均每日用水從過去的三十公升減少到五公升。負壓水簾讓豬舍內溫度維持在二四到二八℃之間，豬隻在舒適的環境中成長，死亡率降低、產能提升二〇%以上，讓生產與資源使用「脫鉤」。高床式設計加上自動刮糞設施收集豬糞尿，以管線送至園區內的沼氣中心，每年約可發二百三十萬度的生質能電力，剩餘的沼液則作為澆灌再利用，每年減少六．七萬公噸廢水排放，更讓生產與環境污染「脫鉤」（圖13）。

設計友善、乾淨衛生的豬隻／肉品運輸車，在豬隻送往屠宰廠、食品加工廠的**運銷**過程，提升衛生條件。豬隻的許多部份可透過生物精煉**全利用**，作為高價值的生技原料或材料。食品加工廠、化製廠或畜牧場本身的廢棄物，可透過厭氧消化來**資源化**，產生能源與沼渣液，沼渣液經過調配後成為有機肥料再用於農場，產生的農作物可作為飼料回到畜牧場，形成「養豬產業的循環網絡」。

這一、二十年來，台灣已經成為一個豬肉進口國，一〇%以上的內需豬肉仰賴進口，每年進口約九萬至十萬公噸；另一方面，即使歷經多年努力，世界動物

18 根據《反轉地球暖化100招》所述，無樹的牧場，牲畜可能必須承受高溫、強風與品質不佳的牧草，混牧林業牧場可提供樹蔭、防風，還有豐富的食物。牲畜的健康狀況提升，牛奶、肉類的產量更多，也繁衍更多後代。產量因混林牧場實際狀況而定，通常比只有牧草的牧場多五至一〇%。

圖 13：　東海豐農業循環園區改建豬舍，
讓生產與資源使用、環境污染脫鉤

來源：台灣糖業股份有限公司

衛生組織終於在二〇二〇年認可台灣為口蹄疫非疫區，許多廠商躍躍欲試，期待將豬肉出口。但是養豬產業已然達到環境負荷極限，擴大進出口將面臨更大環境與社會壓力，養豬產業的轉型勢在必行！

如何讓消費者相信國產豬肉是高質、安全和可信賴的，讓國人肯定畜殖業者具有落實友善環境、社會關懷的決心？拔針讓台灣成為非疫區，更是台灣畜殖產業的「新起點」，而不是終點！

不僅是畜牧業，養殖業與各種農產品，實際上也都能夠透過循環經濟創造更多的價值。牡蠣、虱目魚、檸檬、甘蔗等各式各樣的農產品背後，都蘊藏著豐富的資源潛力。換句話說，循環經濟能夠帶動台灣發展「新農業」的核心動能！

在接下來的三章，我們會分別說明啟動循環經濟的三大策略。

第四章　啟動循環經濟的策略一：高價值循環

「常善救人，故無棄人；常善救物，故無棄物。」

——老子《道德經》

全球生態足跡網絡（Global Footprint Network）每年都會公布當年度的地球超載日（Earth Overshoot Day），二〇二〇年地球超載日落在八月二十三日，這意味著我們只用了八個多月的時間，就耗盡了地球一年可以產生的資源量，未來幾個月裡，我們都過著資源透支的生活！

高價值循環的策略，是藉由「循環設計」及「資源效益極大化」，將每一份資源的價值保留下來，包含化石燃料、生物質、金屬、非金屬礦產，廣義來說，也包含太陽能、水力、風力、地熱等能源。生物循環可透過**生物質價值金字塔**（Biomass Value Pyramid）的原則來規劃資源使用的方式；在工業循環則可以運用**價值坡**（Value Hill Model）的順序，來規劃創造價值、維持價值及保留價值的歷程。

第一節　生物質價值金字塔：發揮最高價值的全利用

長期以來，能源、化學、農業等各種產業都倚賴由石油精煉而來的產品。然而，耗費數百萬年才形成的化石燃料，在線性經濟中，產品卻往往在短暫使用後便被拋棄，像是台灣每年就用掉三十億根塑膠吸管[19]，造成嚴重的環境污染及碳排。因此，善用天然、可再生的生物材料是轉型循環經濟過程之中重要的一環。

如同石油到材料需經過層層精煉，在生物質或生物技術基礎上的生物經濟（Bio-based Economy），也是將生物質**以生物質價值金字塔的原則，透過「生物精煉」依序加值為藥物／特用化學品、食品／飼料、大宗材料／肥料、燃料／電力等四個層次**（圖14）。一般來說，愈靠近金字塔的頂端代表其價值愈高，愈靠近底層代表其體積愈大。若能善加利用每一份生物質，因為生物質的分散性高，可創造許多在地發展與在地就業的機會。

以下透過「全豬利用」、「全蚵利用」兩個案例說明生物經濟的潛力。

全豬利用：晉身億元豬

每次我在演講的時候總會問大家：「提到豬血會聯想到什麼？」「提到豬腸

19 環保署一次性用產品源頭減量宣導網：塑膠吸管使用後隨意棄置是歷年淨灘廢棄物排名前五名，歐盟已規劃將於二〇二一年禁用包含吸管在內已有適合替代品的一次用塑膠產品。

圖 14：生物質價值金字塔，以全豬利用為例

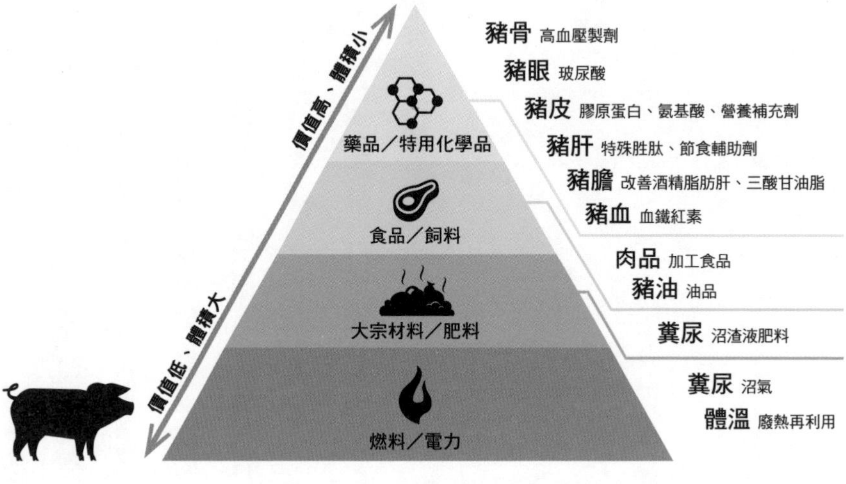

來源：資源循環台灣基金會

又會聯想到什麼？」不意外地，豬血湯、四神湯是最常見的答案。豬在東方飲食文化中扮演重要角色，全身都是寶。但我們真的有發揮出每一頭豬的價值嗎？事實上，在整條產業鏈的過程之中，平均下來，一頭豬還是有超過二七％被浪費掉。以重量計算，全台灣畜養五百五十萬頭豬，相當於浪費了一百五十萬頭豬。但是豬隻除了作為食品用途，還有更多元的應用方式。脂肪可作為蠟筆、牙膏；豬毛可作為鬃刷等產品的大宗材料。

在藥品及特用化學品的應用上，豬血可做成更高價值的醫療級血清；豬腸則可被做成手術縫線。根據工研院的統計，一頭豬若開發成生醫材料，可以從目前一萬元的價值，提升到六千萬元。例如每頭豬約有三百克的膠原蛋白，主要來自豬皮和豬筋，經過萃取與純化變成醫療級的膠原蛋白原料，價值超過三千萬元；豬骨作為人體骨頭修復材料，價值超過一千萬元；其他還有眼角膜、血管等醫學應用。我也曾聽聞業界估算一頭生醫豬的價值，甚至可以超過十億！豬的每一部分都被善加利用，可以做出一百八十多種產品，發揮了「全豬利用」的精神，一點都不浪費。

飼養過程也有許多浪費值得規劃運用。例如豬糞尿經過收集可以用於沼氣發電，產生的電力可以販售；沼氣發電後的沼渣液可以作為有機肥料；抑或是豬隻躺在地上的體溫也能回收再利用，從原本需消耗能源變成可產生能源的「綠能豬」。將原本要付費處理的廢棄物轉變為有價的資源，不僅減少化石燃料使用，背後也蘊藏了許多附加的價值。

當然，推動全豬利用並非一朝一夕，涉及的也不僅是養豬場改建，而是整個養豬產業都需要轉變。比如「生醫豬」需要在無特定病原（Specific Pathogen Free，SPF）的豬場飼養，還有人員訓練、飼料管理、疾病監控等需同步規劃。「綠能豬」發電後產生的沼渣液可以作為肥料，也需要堆肥廠和農地等配合使用。

二〇二〇年台灣口蹄疫拔針、美豬開放進口，這正是重新規劃養豬產業，轉型的大好機會。轉型過程也會為許多產業帶來新商機，像是資通訊產業可以協助導入科技管理，豬舍環控、豬隻體重控管、餵食紀錄、用藥紀錄等，滿足管理需求，同時有助於提升生產的效能。物流產業可協助設計新的運輸車，屠宰場做硬體與管理的升級。肥料產業將沼渣液中的氮磷鉀營養，因地制宜調配作為有機肥料，帶來新的肥料市場。

全蚵利用：廢山變寶山

牡蠣在台灣又稱作蚵仔，是台灣最重要的養殖貝類，因其豐富的營養價值，又被稱為大海的牛奶。然而，更有價值的部分，反而是十幾年來被丟棄的牡蠣殼，透過生物精煉，每公斤價值可比蚵肉高十倍以上。

台灣一年大約產出十到十五萬公噸的牡蠣殼，過去被堆積在西南沿海地區如同一座座小山。堆置的牡蠣殼容易孳生蚊蟲，並散發惡臭，雖然有工廠不定期的回收作為肥料、飼料或栽培介質，但往往要累積一定數量後才會載運處理，資訊也不透明，因此常給人未妥善處理、隨意亂丟的印象。

換個角度看，牡蠣殼的成份超過九五％是碳酸鈣，是工業及農業重要的產業原料。台灣每年對碳酸鈣總需求量約三十萬噸，主要是從大白石煉製而來，若能以牡蠣殼取代天然礦源，可以減少煉製時八〇％的能源耗用，還能避免破壞生態。當台灣在面臨如同新冠肺炎疫情等危機造成的斷鏈，牡蠣殼便能夠取代進口礦石，提高原料自給率。

碳酸鈣不但可以作為土壤改質劑、粉筆原料、動物飼料等多種用途。蚵肉一公斤的價錢從二百到二百六十元不等，若是能將牡蠣殼純化為食品級的碳酸鈣，

圖 15：生物質價值金字塔，以全蚵利用為例

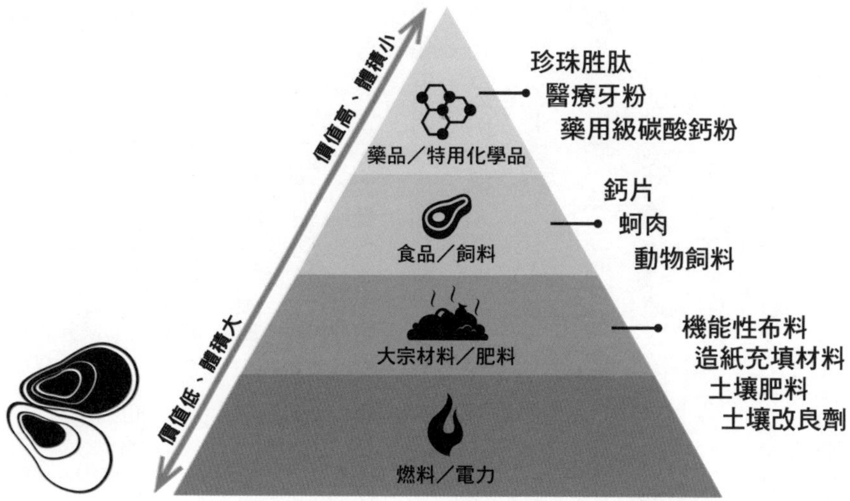

來源：資源循環台灣基金會

每公斤價錢可以提升到二、三千元，價值增加十倍以上。若更進一步萃取其中的珍珠胜肽作為美妝保養品或保健食品，每公斤價值可達四十萬！換言之，從蚵肉到蚵殼的多元成分，都能夠有不同層次的運用。這就是全蚵利用所發揮的高價值（圖15）。

台灣近海牡蠣養殖約有一萬公頃，特殊的人工剝殼文化，相較於國外帶殼販售的方式，更容易促成資源的循環利用。台糖在台南建置全亞洲第一座牡蠣殼生技材料廠，將牡蠣殼視為原料，開發更高值的產品與應用，讓牡蠣殼在市場上有公開的價格，正名為有價的資源，提供蚵農額外收入。資源有價也促使供應鏈成型，牡殼的收集、清洗、運送流程，也為當地創造新的就業機會。

除了牡蠣殼以外，還有萃取蜆精後的蜆殼，以及自來水廠在軟化水質過程所產出的副產品，都是取代進口碳酸鈣的好原料。估計這些廢棄物年產可達四、五十萬噸。

這些廢棄物可以從回收開始，經由多層次、高價值循環的研發和應用，可以為台灣打造出一個嶄新的「新材料循環產業網絡」。這產業網絡除了可減少環境污染，還能貢獻區域經濟和創造在地就業機會。

圖 16：產品價值坡的三個階段

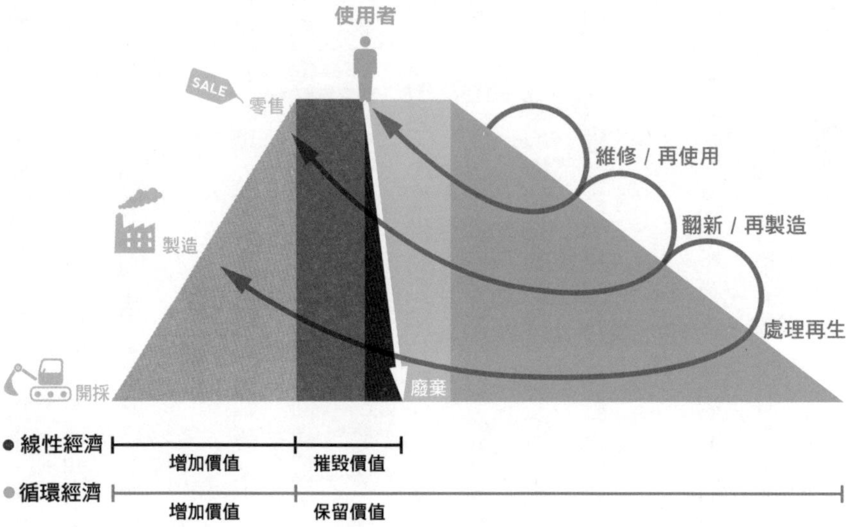

來源：資源循環台灣基金會

第二節 工業價值坡：維持頂峰的三個階段

記得有次演講中觀眾提問：「把時間軸拉長來看，資源都是會再生的，這樣循環經濟不是自然而然就會發生嗎？」確實，所有資源最終都可以回歸自然，但當資源開採的速度超過資源再生的速度，再多資源恐怕也不夠使用。

在超載的地球中，企業不得不正視的是，學會用更少資源創造更多價值，並且讓資源可以不斷循環再生。在工業循環中，我們可以用**價值坡**（Value Hill Model）**模型來視覺化「價值」這個概念**（圖16）。原料一路被製造向上加值成為零件及產品，過程中需耗用許多能、資源與水；在被使用的階段，產品達到價值最高峰；當使用終了，若是被丟棄，價值瞬間歸零，甚至成了負值。因此，我們如何讓這些產品中的資源，儘量維持在最高的價值之中呢？

產品生命的上半場，企業利用**循環設計**來替產品創造價值，確保產品價值留存的機會最大化；價值達到頂峰時，是企業以有效率的方式使用產品，尤其是以**產品服務化的商業模式**，滿足使用者的需求；當產品的使用週期開始進入下半場，**價值留存**程序能讓企業儘可能地保留大部分的價值。

循環設計：在上半場取得先機

不曉得大家是否也有這樣的困擾？使用刮鬍刀或是除毛刀後，由於產品組成包含不鏽鋼、橡膠、塑膠、還有其他金屬合金等這樣複雜材質，在丟棄時到底該如何分類回收？回收後該如何分離出不同的材質？

這問題困擾了我許久。直到多年前看到一位國外設計師，運用紙張的特性，設計了一把紙刮鬍刀。很多人都有被紙割傷的經驗，這位設計師將生活中的觀察轉換為產品設計，一樣有刮鬍的功能，而且單一材質易於回收。雖然這個產品最終沒有量產，卻令我不禁思考，生活周遭的物品，可不可能透過設計改變原有的宿命？觀察自然中，芒草葉緣富含矽，如銳利的鋸齒也常割傷人。若我們虛心向自然學習，是否可以得到更多仿生的智慧？

循環設計是在產品設計的階段，就思考好未來產品如何延長壽命，保存最高價值循環的可能。第一步是使用的**材料愈單純愈好**；再來，**模組化的設計**有助於產品運輸、維修、更換零件甚至升級。台灣的走走家具公司為解決搬家時，家具難以拆解與搬運的困擾，因此在設計產品時，特別著重在簡易與可重複拆裝，透過卡榫結構，減少螺絲用量與組裝步驟；拆解後只需一台小客車就可以裝載整套家具。讓使用者可以輕鬆的搬家，家具不用買了又丟、丟了又買。

循環設計除了產品以外，將商業模式一併考量，更能發揮資源最大價值。Ahrend是一間荷蘭辦公家具公司，早在一九九〇年就開始思考如何延長產品壽命，**模組化設計**是他們的解決方案。這種設計方式不但讓製造過程有如樂高一般，可按順序添加組件，且有助於使用過程的產品維護與新零件升級。他們更推出了「家具即服務（Furniture as a Service，FaaS）」的**商業模式**，讓使用者按月付費，不需要時退還家具即可。家具從產品轉變成資產。為了能讓商業模式成功運行，需要能夠連續地記錄、貯存、追蹤這些資產，Ahrend導入了電子條碼並建立資料庫。透過循環設計和FaaS商業模式，Ahrend的家具製造過程減少了九三%的用水，產品壽命延長兩倍，超過一百萬件產品免於成為廢棄物，實現材料一〇〇%循環。甚至在新冠肺炎疫情期間居家工作需求增加的情況下，產線能快速再製造、以客製來滿足不同需求並快速供貨，展現出這種產品設計與商業模式的彈性，不僅增加利潤，也開拓了不同客源。

而電子產品的廣泛使用，使得二〇一九年全球電子廢棄物產生量超過五千萬噸，但在目前回收和再利用率不到一八%的情況之下，造成許多環境及社會的衝擊。為此，REnato lab 與科思創公司共同發表《循環設計指南——給電子電器家電產業的材料選擇方法》，以一套產業能夠遵循的設計方法與材料選擇評估表，協助企業建立產品的循環共識與目標，全面地瞭解產品生命週期，再進而選擇適宜材料，藉以提升產品的實質循環度。

價值留存：製造業的下半場致勝秘訣

台灣在回收與處理再生領域的成績斐然，即便我們儘可能地將廢棄物再生，卻只保留了物料本身的價值，當要重新製作成產品時，還得再投入新的能源、水與人力才能重新加值。舉例來說，一支兩萬元的手機，若是回收，只能萃取一百元的價值[20]。然而，產品的「使用週期」結束並不等於「生命週期」的結束。當它以產品的形式交給其他使用者再使用，就是保持在價值最高的狀態。維修、翻新、再製造則是透過一定的工序保留了重要零組件的價值，讓產品能夠持續運作使用，因此被稱為**「價值留存程序」**（Value-Retention Processes，VRPs）。換句話說，這些程序能夠創造產品的**「高價值循環」**，優先採取能讓原料與加工過程使用的能、資源得以存續並創造價值的程序，最後才把零件處理為再生物料。

對於還未壞掉卻可能遭到丟棄，或是購買之後僅使用一、兩次就閒置的產品，可透過二手拍賣或資源共享平台租借。秉持著「家裡的空間不是留給家電，而是留給家人」的初衷，電電租公司提供了一個活化家電使用的平台，全民都可以上架自己家中的閒置家電到平台上出租給需要的人，讓產品得以發揮最大價值。從技嘉科技獨立出來的百事益公司，專門從事晶片等級的維修，並將整修好的電腦以二手品出售。二〇一九年光是賣二手品就創造三千多萬台幣業績，截至二〇二〇年，百事益共整新回收超過八十萬件電子產品。

從台灣製造到台灣再製造

根據《重新定義價值——製造業革命》報告，在價值留存程序中，**再製造最能夠延長產品壽命、創造最多經濟效益與就業機會**。再製造是指透過一套標準化的工業程序，產品核心部件的狀態與表現，會被恢復到跟新品一樣或更佳的狀態。相較於製造全新的產品，再製造能夠減少八〇%的新原物料需求與五七%的

20 黃育徵，《循環經濟》，二〇一七，天下雜誌出版

能源耗用與排放，減少九〇%的廢棄物，甚至減少達四四%的成本[21]。企業更有機會拓展新品未曾成功觸及的市場區間，發展嶄新的價值創造途徑與商業策略。

台灣作為全球半導體製造的重要基地，除了上下游產業鏈完整，也是全球前三大的半導體設備市場。相關設備價值極高與地緣分佈密集的特性，非常適合廠商發展再製造。全球知名的半導體設備製造商艾司摩爾（ASML），就將再製造中心設在台灣。首先他們利用**模組化設計**，讓機台具備再利用性及可升級。舉例來說，一台ASML NXT機台有四五%的固定結構不需因應系統升級而變動。ASML的資產收購計畫協助客戶管理多餘的設備，並讓其價值最大化。當客戶在升級晶圓製程需要新設備時，ASML會根據系統類型、市場和風險，協助客戶制定轉售策略。ASML在將舊機台轉售給新使用者前，會先經過原廠的再製造程序處理，並提供與新機台相同的保固。

除了半導體設備外，工具機、馬達、醫療儀器等都具有發展再製造的潛力。比如工具機是台灣具有國際競爭力的產業之一，台灣同時也是全球第九大的工具機消費市場。隨著國際競爭激烈，許多廠商都在尋求創新的競爭力，再製造可為廠商降低對原物料的依賴，打開新市場，為產業創造下一波成長。

馬達身為設備的心臟，從日常家電到工業設備都隨處可見，同時也是能源消耗的主要元件之一。工研院報告指出，全球有四六．二%的能源終端使用來自馬達的運轉。每年由於設備老舊導致的電力損失達一百億度以上。電動機車的高速成長，未來馬達性能的老舊也將造成約六．七億度能源損失。透過**維修**、**翻新與再製造**的程序，讓馬達的材料價值能夠最大化，提高運轉的效率。這將會是台灣提升產業效能與推動能源政策的重要工具[22]。

台灣高密度與高水平的醫療服務，加上人口日趨高齡，意味著對高端醫療儀器將有大量需求。根據工研院的統計，台灣醫療器材產業產值上看一千一百億元台幣。再製造不只能夠協助醫療器材的廠商降低製造成本，更能透過服務型的商業模式，協助台灣廠商在既有的硬體製造優勢上，轉型為醫療服務的提供者。

製造業是台灣經濟的重要產業，發展再製造是絕佳的契機，不僅可以減少產

21 International Resource Panel, United Nations Environment Programme, *Re-defining Value – The Manufacturing Revolution. Remanufacturing, Refurbishment, Repair and Direct Reuse in the Circular Economy*, 2018.

22 工業技術研究院，《循環經濟產業技術發展策略 馬達驅動機械產業》，二〇一九

圖 17：高價值循環的效益

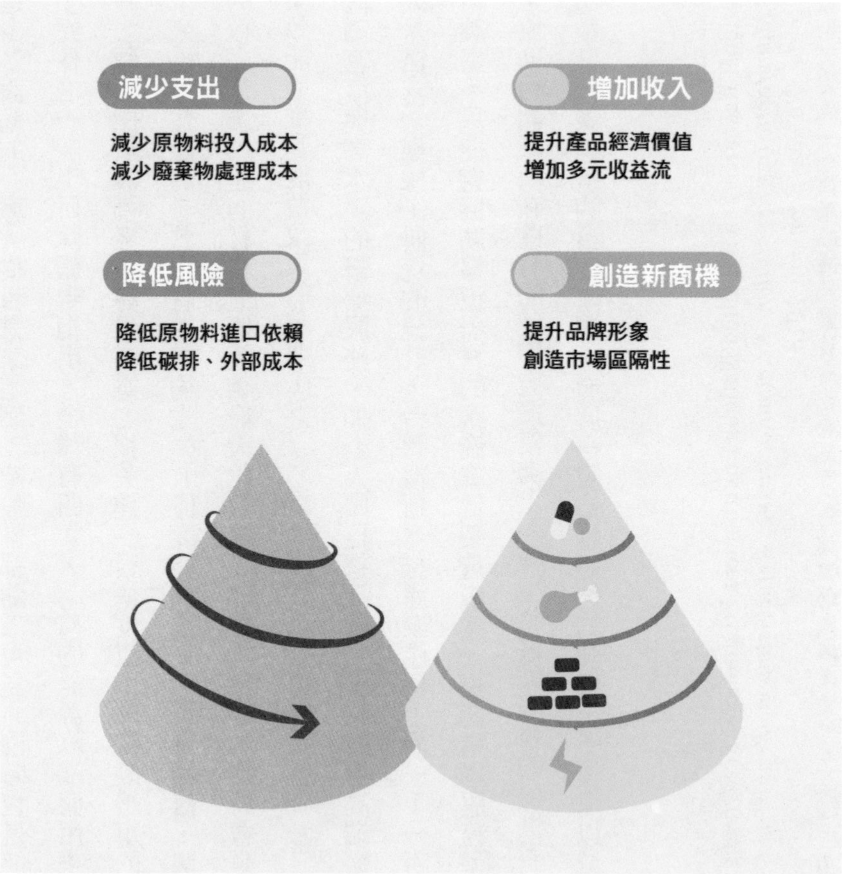

來源：資源循環台灣基金會

業對能資源的依賴，還能兼顧經濟與環境效益。

從生物循環的生物質價值金字塔，到工業循環的價值坡，每一種資源都可以找到最適合的使用方式，發揮最大價值。

第五章　啟動循環經濟的策略二：產品服務化

「農夫才需要穀倉來堆放囤積的東西。數位時代的土著能隨意往前奔跑，探索未知的領域。使用而不擁有讓我沒有包袱，精神奕奕，隨時都能迎接新的事物。」

——凱文．凱利（Kevin Kelly），科技趨勢預言家產品服務化（Product-as-a-Service, PaaS），**客戶「以使用取代擁有」**、**生產者則「以提供服務取代銷售」**，產品擁有權回歸至生產者，生產者擁有產品的全生命週期責任，以有別以往買賣的方式計價：

- **依使用量計價**（pay for use / access）：以使用次數、期間為主要計價標準，讓客戶單次或在固定期間多次使用該服務，投幣式洗衣機便是以使用次數計價的案例
- **依效能表現計價**（pay for performance / results）：以產品的效能為計價標準，清洗晶圓的良率、燈光照明的亮度等皆是以效能表現為計價基礎的案例

因為擁有產品，生產者將有誘因重新以耐久設計延長產品壽命，並讓它易於維修、拆解，同時在生命終止時易於回收再利用，以高品質且具彈性的服務來提高客戶的「回籠率」，減少客戶的「流失率」。企業也可建立獲利成長但與資源耗用、環境衝擊脫鉤的商業模式。

「以租代買」、「租賃」普遍成為產品服務化的代名詞，然而，若只達到金流上的分期付款，卻對背後實際的物質循環度無貢獻，並非本章所談的產品服務

化。以 oBike 為例，單車作為服務的載體，騎乘者支付使用費用，oBike 卻未提升產品設計以及營運管理的品質，將疏於管理的外部成本轉嫁給其他利害關係人，退出市場時，留下的單車成為全球許多城市頭痛的問題。

產品服務化的目的是為了讓**客戶使用高品質且易於物質循環的產品**，企業以「好產品」作為「好服務」的基礎，讓「好服務」成為市場區隔的核心競爭力。

第一節　從交易到交情，成為客戶一輩子的夥伴

每次點開 Netflix 時，總不禁想到，那個聽音樂要買唱盤／卡帶、看電影要買錄影帶外加一台倒帶機的時代。現在只要安裝一個 App 就能開起家庭電影院。「只要使用、不需擁有」的服務模式，已成為現代最快速也最體貼客戶的商業模式。消費者的觀影需求被滿足了，隨時隨地都能看電影，彈性和可選擇的權利，是我觀察到年輕世代文化上最顯著的變化。追求彈性和強調可選擇的未來客戶，他們在意的價值已逐漸改變。這將如何影響提供產品與服務的企業呢？

計畫趕不上變化，彈性才是王道

全台企業將近九八％為中小企業[23]，資本額有限，然而資本支出用於購買設備時，除了資金考量、後續的維修保養問題，業者更常常遭遇買了不合適，或市場策略轉變需要重新置換的狀況。

以餐飲業為例，餐廳所需設備多元，從裝潢、家具、廚房設備到資訊系統，一台機器小則數萬、大則數百萬，期初投資累積下來是不小的金額，購買後的機器折舊及維護管理成本也由餐廳業者承擔。當業者改為採購服務而不再擁有設備，設備採購的資金便能轉向投資在提升餐廳服務與食物料理品質，而機器設備的品質便由設備生產者維護管理，**雙方皆能專注在各自的本業**。

從小吃攤成長到大餐廳，餐廳業者的需求會變動，彈性更顯得重要。舉例來說，當清洗的碗盤量增加，小吃攤買賣模式下購置的小型洗碗機，無法滿足清洗大量碗盤的需求，添購大型洗碗機頓時成了負擔。採購服務則可帶來彈性，服務提供者依碗盤清洗量更換成更適宜的洗滌設備，或將碗盤送到洗碗服務中心，**讓業者可以免除更換設備的資金壓力與轉售的煩惱**。

台灣洗滌業者吉維那公司，看到客戶對於彈性的需求，由販售洗碗機到提供洗滌服務，安排專業洗滌人員到客戶現場操作洗滌設備，為需要洗淨的產品選擇適宜的洗劑與洗滌方式，甚至將洗滌的水循環使用。一台十萬元洗碗機，降到月付三千元的服務。客戶支付固定的小額費用，得到高品質的服務，水費降低、人力管銷成本降低也成了額外的收穫。

「客戶需要的是壓縮空氣，而不是壓縮機」，瑞典空氣壓縮機 Atlas Copco 公司推出 AirPlan 的使用計價方案，依據壓縮的空氣量計價，客戶可採行使用量或固定用量的計價方式，如同手機月租網路流量八G、十二G的概念，增加方案的彈性。好比說 Atlas Copco 在台灣的飲料業客戶，每月生產的飲料量變動不大，在特別節日才有加產的需求，此時調度的彈性就派上用場，讓客戶將資金放在本業上，採用彈性的服務方案，來因應市場需求的變化。

在台灣營運超過三十年的珍萬國公司，客戶來自在台灣停留時間長短不一的駐台使節與外商高階主管，擁有家具反而造成客戶離台時的負擔，因此「以使用取代擁有」的家具服務成為他們的首要之選。為了讓家具更耐久、易維修，珍萬

23 經濟部中小企業處，《一〇八年中小企業白皮書》，二〇一九

國公司也從源頭採用**循環設計**，將原來壽命僅有三至五年的沙發，壽命延長至三十年，每次收回僅需適度維修、替換沙發布，穿上新衣就可以陪伴新的家人，客戶離台時不需掛心家具的去留，服務提供者和客戶都是雙贏。

洞察長期需求，成為客戶一輩子的夥伴

一家烤肉萬家香，是台灣這個美食天堂送給我們的記憶，然而對日日在廚房工作的廚師來說，吸二手油煙卻不只是香菸包裝上的健康警語。

夢想根絕台灣油煙問題的歐亞科技陳誌興董事長，談起他雖有優良的靜電除煙機產品，一旦削價競爭開始，業務跑得再勤，每個月還是需要煩惱業績。

要根本的改變，只能走一條不一樣的路。從買賣轉型到服務模式，客戶一個月支付不到二千元的租金便可使用高品質靜電機，從連鎖速食業者、知名餐廳，到路邊小吃攤，全部用得起。這些客戶每年為歐亞創造億元以上的穩定現金流。這是過去買賣模式難以達到的。

「買賣只有交易，沒有交情，」他如此說。過去只有一次的買賣，企業期待的是機器壞了客戶就會上門，但服務模式讓他們不再像過去追逐短期利益，而是

轉為重視「賺長長遠的錢」，專注提升設備與服務品質，研發更高效的除油煙技術；**模組化的設計**讓集塵器易取出、易清潔，增加清潔的效率，一台機器九九%都可以再使用，生鏽變形的零件也能回收再利用成為原料，產品則成為歐亞珍惜的資產。他們也導入了利於管理設備效能的資訊系統，從過去的被動叫修，到主動定期保養維護，**客戶和服務提供者從一次的交易逐步走到一輩子的交情**。

當企業採行服務模式，營收來源改變了，從過去大量製造的毛利，轉向為客戶創造服務的價值，將誘使企業**設計更好的產品以降低維修帶來的成本**。以燈光為例，客戶需要的是「照明」而不是「燈」。因此，台灣的漾拓公司提供了「出租一道光」的完全責任服務模式，營收來自於客戶省下的電費，也替客戶克服了替換ＬＥＤ燈的資本支出門檻。他們改變燈具的設計，讓光源及電源分開，並以可拆解、模組化的扣合方式，增加零件的可替換性、也提高維修便利度。因此「製造好產品」成為漾拓「提供好服務」、「創造高營收」的要件，而客戶能節省資本支出，減少電費進而減少排碳，也成了業者、客戶、環境三贏的商業模式。

撕下廢棄物標籤：化學品服務化

曾聽一位業者給「廢棄物」下了一個務實又傳神的定義：「自己花錢買進來，再花錢請人丟棄的材料。」

無論是衣服還是手機，生產過程會使用各種化學品，用完之後往往成了棘手的廢棄物，甚至時有未妥善處理就排入河川破壞環境的新聞。尤其台灣是全球半導體與面板製造業重要製造基地，對於顯影液、剝離液、清洗液等化學品的需求龐大，廢棄化學品的流向更是全民關注的議題。

然而，業者需要購買進口原料製造化學品，生產過程造成污染，客戶卻需要花錢處理廢棄化學品。若能積極投入研發，將使用後的化學品處理再生，便能大幅減少資源的耗用與環境污染，也能降低對進口資源的依賴，打造更具韌性的產業共生模式。

我們已經看到許多企業掌握了這個契機，投注研發將化學品處理再生。例如三福化工將電子業製程中使用的氫氧化四甲基銨（ＴＭＡＨ），回收純化後重新提供客戶使用；李長榮化工將客戶使用後的電子級異丙醇（ＩＰＡ）廢液購回，再純化為工業用異丙醇，並將處理過程產生的水，供工廠重複利用；海陸家赫公司的金屬加工油產品，透過廢油水處理系統，將客戶製程產生的油水混合物分離，變成再生水與燃料。台灣每年外銷數億片液晶面板，一方面需以高價進口液晶製造，但每年數千噸廢液晶面板卻造成環境承重的負擔。因此工研院研發了一套液晶再利用技術，協助企業降低成本及原物料的依賴，成了環保與經濟的雙贏。

除了處理再生技術，聯合國工業發展組織更進一步推動「化學品租賃」。這種服務型的商業模式，**使生產者將過往追求化學品銷售量轉向服務增值**。

保留化學品所有權的同時，強化保有整個化學品生命週期的管理及使用，進而降低廢棄物產量及風險，同時也使政府不再疲於監控環境污染（圖18）。

以SAFECHEM汽車金屬製品的洗劑為例，傳統的販售模式每年消耗三十噸溶劑，產生二十五噸有害廢棄物。改用化學品租賃模式後，租借整套清洗機台與洗劑給使用者，讓洗劑可以被循環使用，溶劑消耗減少八〇%、有害廢棄物降低九五%，為使用者每年省下十萬歐元的成本。

然而，在台灣舊有法規下，使用過後的化學品被貼上「廢棄物」標籤，在監控防弊的管理制度中難以翻身。有責任、有技術回收化學品的生產者只能曠日費

圖 18：化學品服務成為供應商與客戶共創雙贏的合作機制

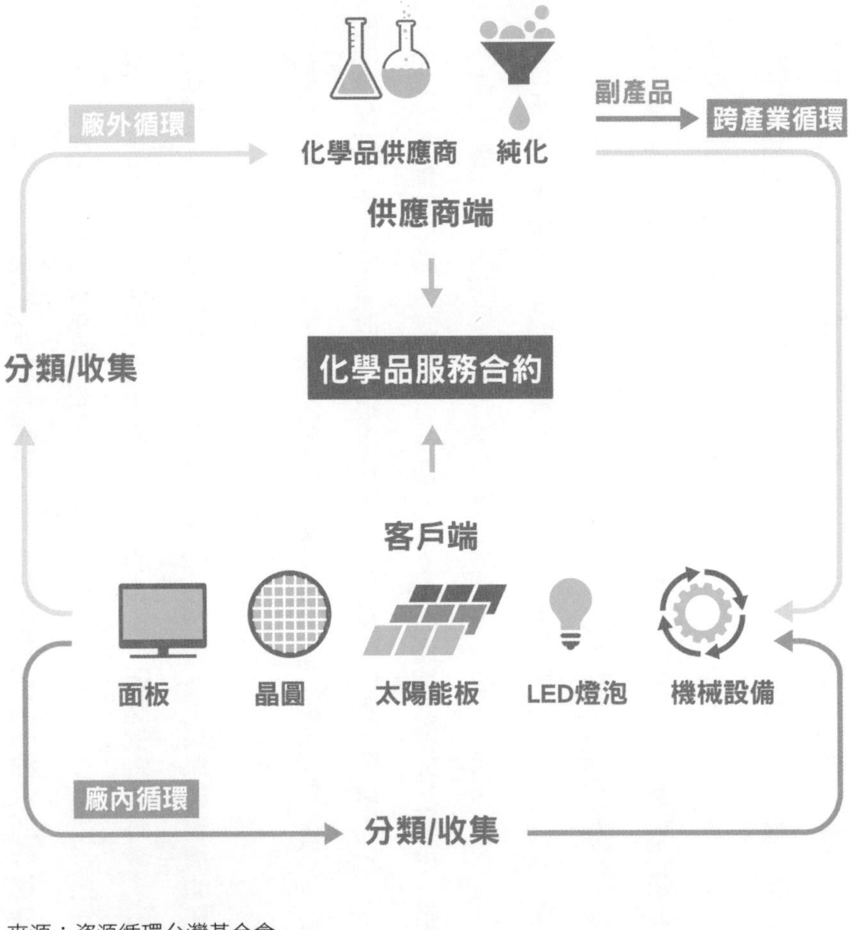

來源：資源循環台灣基金會

時地申請廢棄物處理執照，再「購回」成了廢棄物的自家產品，重新純化售出。運送過程的層層限制，仍讓許多企業裹足不前。

我們欣見愈來愈多的企業認同了循環帶來的效益，台灣公私部門也正攜手努力，加速化學品的封閉循環。環保署二〇二〇年提出七種廠內廠外的循環方式，增加了創造封閉循環的機會，讓化學品的擁有權回歸至生產者，生產者能從再製產品獲利，促使資源被善用。有朝一日，更有機會讓「化學品服務」成為共創雙贏的合作機制。

第二節　不買冷氣，一樣享受舒適冷房

既然我們想要喝牛奶時不會想要養一頭牛，那為什麼想要涼爽的環境，卻需要擁有冷氣機呢？客戶需要的是冷氣機這個產品？還是冷氣機吹出的涼風？或是恆溫舒適空間？提問不同，解方也就不同。循環經濟帶給我們最珍貴的課題，便是重新定義需求。**企業採行產品服務化的起點，從了解客戶真正的需求開始。**

從冷氣機到冷風服務

採用產品服務化策略會帶來什麼改變呢？

冷氣機的「擁有權」回到生產者身上，從商業利益考量，**生產者自然而然為了降低維修帶來的服務成本，透過產品的性能和設計，讓設備耐用不易壞**；當設備需要報廢，整台機器也容易拆解，盡可能讓所有零組件成為下一台空調的材料。

使用空調服務的客戶得到舒適空間，不再擔負採購空調設備的大筆資金壓力、設備所使用的電費、保養、修繕與人力等責任，僅需依照空調的使用量或溫度支付費用。

新加坡的空調業者 Kaer 推出空調服務（Air-Conditioning-as-a-Service，ACaaS），發現當建築結合空調服務後，建築能源耗用最高可減少七〇%，營運成本降低一〇%至二〇%。歐洲工商管理學院（INSEAD）新加坡校區採用 KaerAir 空調服務方案，設備為 Kaer 所擁有，並由 Kaer 負擔電費與維修，提供 INSEAD 指定的室內溫度，六個月減少三五%能源耗用[24]。

由於空調所需的電費由 Kaer 負擔，因此促使 Kaer 投資技術與新設備，提升空調系統的能源效率以提高利潤。

除此之外，Kaer 在印度案場的屋頂加裝太陽能發電系統，成為空調設備主要的電力來源，多餘綠電還可供社區住戶使用，為客戶的多重需求提供整合型服務規劃，創造了差異化的競爭力。

這樣的服務模式若要成功，生產者需克服獲利模式改變的陣痛期，無法如買賣一般，短期間有大筆收入，因此幫助生產者降低轉型風險與資金壓力，極其重要。

「冷卻即服務倡議行動（Cooling as a Service Initiative, CaaS）[25]」便在全球建構支持服務模式的金融市場，讓生產者得到金融支持，逐步從製造產品轉型到提供服務；客戶以使用取代擁有空調設備，以冷風使用量、效能付費，不會因一次性的購買成本高，而採買低效能、高污染的空調設備。

---

24 Ellen MacArthur Foundation, Case Studies, Kaer, Air-conditioning as a service reduces building carbon emissions, available at https://www.ellenmacarthurfoundation.org/case-studies/air-conditioning-as-a-service-reduces-building-carbon-emissions

25 由吉佳利冷卻效率計劃（Kigali Cooling Efficiency Program, K-CEP）與巴塞爾永續能源總署（Basel Agency for Sustainable Energy，BASE）推動

在一次與實踐循環經濟的公務人員交流想法時，其中一位點出現行政府採購模式，美其名為擁有資產，實則是保管責任的麻煩。怎麼說呢？

以公宅為例，千戶公宅需購買千台冷氣，因冷氣是機關擁有的資產，需貼上財產標籤並建立財產清冊，分裝到家戶中，每年需與住戶另約時間，重點並非了解冷氣可否運轉，而是盤點資產。添購產品作為資產的迷思，卻讓組織浪費了無謂的人力成本，豈不可惜？

零浪費、零排放的循環型空調

台灣多數空間缺乏隔熱設計，使用冷氣往往造成許多能源浪費，導致更多碳排放，且廢熱又再提高室外溫度，導致惡性循環。

一位舊識與我分享對節能運動的感觸：「不是關冷氣救地球，是換冷氣救地球。」因為在不良的系統之中，關幾個小時冷氣也僅能減少一點環境破壞。我認為，換上重新設計的「循環型空調」才能救地球。

冷媒中的氫氟碳化物（HFCs）對暖化的影響是二氧化碳的一千至九千倍。根據《反轉地球暖化一〇〇招》一書的分析，在二〇五〇年前，經由有效的冷媒控管，二氧化碳減排可達近九百億噸，在百招中排名第一。空調報廢時，冷媒能夠完全被回收、純化和再利用轉化成不會暖化地球的化學品，是循環型空調必要考慮的重點。

冷氣使用過程所排放的副產物還有冷凝水與熱氣，但我們習以為常，忘了它們都是可用資源。冷氣機應用循環經濟的高價值循環策略，藉由重新設計冷凝器、壓縮機等重要零組件，使其易拆解維修、易升級、易回收，可多次循環使用。

台灣空氣中的含水量高，冷凝水可轉換成乾淨飲用水或是用於澆花、洗滌用途的生活用水，既可省水又調節空氣濕度。

大金空調公司發現，在辦公空間裡，冷氣排出的廢熱可回收為常溫水加熱或維持熱水溫度，用以平衡大空間因設計受熱不均而造成的溫度差，減少電費的支出。另外，也讓行人穿梭在大街小巷時，不需忍受熱風的襲擊（圖19）。

從冷氣歸冷氣的單點思考到將整體空間視為一體，為客戶在空間中使用到的設備，有系統的規劃能源與資源的使用和產出，將為冷氣生產者帶來新的循環商機。

圖 19：零浪費、零排放，資源全利用的循環型空調系統

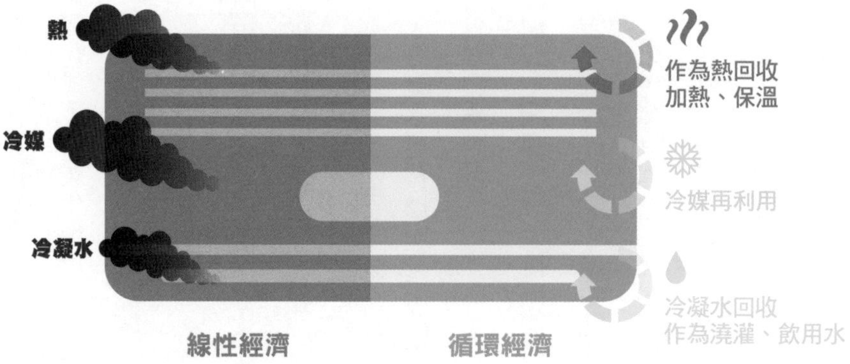

來源：資源循環台灣基金會

心中無冷氣，年省六千萬

「在手裡拿著鐵錘的人眼中，世界就像一根釘子」，談降溫，最易聯想到的解方就是安裝冷氣機；當我們提問改為「打造舒適的空間可以怎麼做？」，便引發了不同的討論。

位於高雄的地球公民基金會總部，當他們開始著手裝修辦公室，首要之務，就是回到本質，讓空間呼吸，真正的空調系統是讓空氣調節，而非單純加裝冷氣。

運用對外窗引入空氣，過濾及除濕後，藉由循環扇讓乾淨空氣在辦公室流動。他們更在外層玻璃和室內空間中，加裝了舊辦公室原本要被丟棄的玻璃窗，再將空氣引進雙層結構內，形成空氣循環流通的隔溫層。高雄酷曬的午後，內外層玻璃溫差可達二一℃。比起單純採購節能冷氣機，**系統性的規劃空氣流動**，在不中斷換氣設備的情況下，電費沒有增加，反而創造出更為優異的節能效果。改造以來，基金會辦公室的每月耗電度數，只有其他辦公室的五分之一。

我在拜訪宏遠興業的紡織生態園區時，見證了向大自然學習的豐厚收穫。爬滿植栽綠簾下的廠房，跟刻板印象裡的工廠鐵皮屋相距千里。

你能相信，這滿擺機台的工廠裡沒有一台冷氣嗎？

圖 20：企業利用自然原理達到降溫目的

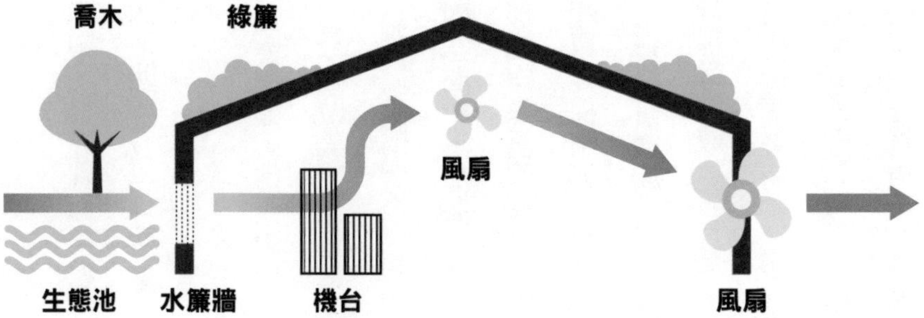

資料來源：宏遠興業股份有限公司
資料整理與製圖：資源循環台灣基金會

葉清來總經理說這是跟大自然學來的。他們裝設水簾，並運用負壓方式將冷空氣引入廠內，空氣受到廠內機台運作發熱影響，成為熱空氣上升，用排風扇接棒將熱空氣引出廠房，廠房內與外溫差六℃，增加空氣自然對流，讓廠房呼吸。運用簡單物理原理，不花大錢裝冷氣也可以達到舒適的溫度。但是這樣還不夠，戶外如果鋪設柏油，輻射效應吸熱後吹進廠內的仍然是熱風，因此宏遠**將工廠內外視為一個生態系**，種植吸碳又可遮蔭的喬木，並利用生態池讓水幫忙調溫。這個紡織生態園區年減碳排放一萬四千噸，一年更省了六千萬電費（圖20）。

循環採購：減少企業風險，布局新商業模式

企業剛認識循環經濟時，都會忍不住問：我們可以怎麼開始？

身為一個企業，優勢便在於**可以成為服務的提供者，也可以成為服務的採購者**。藉由採購服務，減少現金流壓力，讓資金的流動穩定，也保有調整需求的彈性，取得滿足核心需求的功能，不需費時費力處理廢棄物。

此外，採購服務的企業也可藉此過程體驗客戶真正的需求，設計出更適宜未來客戶的流程與服務方案，為未來做好準備。

循環採購的範疇，從辦公大樓、餐廳到工廠，辦公空間所需的光源、空調、家具、通訊設備甚至到景觀服務；餐廳空間所需的餐具容器、洗滌、靜電除煙機等產品服務；除了營運使用的空間必需品外，工廠製程中使用的機台、化學品也能以採購服務的方式，讓服務提供者成為企業提升管理與產品品質的好夥伴。

以台北一〇一大樓為例，向承租空間的租戶收取租金，租戶以使用取代擁有空間；身為採購者，台北一〇一（台北一〇一的營運公司台北金融大樓股份有限公司）開始逐步採購服務，在三十五樓打造產品服務化的實踐場域，向IKEA採購家具服務，在合約服務期間內，IKEA需確保家具品質；合約結束時，IKEA將家具取回翻新，再租給下一位客戶。除此之外，廚餘堆肥服務、光源服務等皆在台北一〇一規劃的實踐項目中。

我們看到了擁有權回到生產者帶來的影響，產品如同生財設備一樣會被視為資產。要維持生財設備的運作品質，維修、保養等服務成為必要條件。此時，具有擁有權的生產者會因此更有誘因從源頭讓產品更易維修、易拆解，為未來服務的過程做最佳準備。以滿足「需求」為導向的服務型商業模式，成為企業主要的營收來源，藉以改變刺激消費的線性經濟模式（圖21）。

圖 21：產品服務化帶給產品供需雙方的效益

來源：資源循環台灣基金會

第六章　啟動循環經濟的策略三：系統性合作

「循環經濟就像練武功，『使用者需求』是丹田，會驅動四股真氣『物質流、能量流、知識流及金流』在體內運行。但是經脈要打通，『動靜脈』需要整合。如何提純真氣？『設計』是關鍵！」——曾文生，經濟部次長在一味追求利益和利潤私有化的線性經濟模式中，企業間往往是彼此互相競爭，不是你贏就是我輸。然而，就算開始轉變心態，想要轉型循環經濟，我常常開玩笑說：「沒有一家企業可以靠自己把循環經濟做好做滿。」

一個成功的循環經濟故事，背後一定有一群供應鏈夥伴或是客戶、投資者的支持才能成就。

現在的經濟模式就像盤中的大魚，只有一雙筷子是翻不動的，需要很多人一起從四面八方同時施力，才能把這尾運作超過百年的線性經濟給翻過去。沒有合作的企業文化，個別的努力都無法擴大成效和影響力。

大自然裡處處都是合作的例子。不同廠商透過**「產業共生」**交換資源的作法，就是仿造大自然的運作，讓一個物種的廢棄物，可以做為另一物種的養分，形成具韌性的生態系。**「循環合作」**以達成封閉循環為目的，鑑別出需要涵蓋進來的夥伴，再巧妙地打出各張循環策略牌，一步步實踐循環目標。

第一節　產業共生：建構跨產業能資源網絡

講到產業共生，大家可能覺得陌生。但台糖土地開發處的張榮吉處長曾用「打麻將」的例子來詮釋，我覺得相當貼切：「上家不要的牌，可能是下家要的。」這如同一間公司不要的廢棄物，可能是另外一間公司的資源。

循環園區：串起產業共生網絡

台灣有大大小小兩百多座工業區。在園區內的尺度上，該如何善用「錯置資源」創造產業間共生共好的關係呢？臨海工業區跨產業的能資源交換是常被津津樂道的故事，它的精彩在於業者之間的信任和合作。

幾年前我和同仁一起到鋼鐵及石化業林立的臨海工業區參訪，當時由中鋼和中油負責能、資源整合的部門來做介紹。一張張簡報從一九九三年一次乾旱說起，當時缺水讓需要用鍋爐燒水、製造大量蒸汽供生產使用的化工業者急著跳腳，向四周的鄰居廠商尋求協助，才驚覺中鋼有大量用不到的蒸汽。

身為一貫作業鋼廠中鋼的一貫作業製程會不斷產出大量燃氣、廢熱等副產

圖 22：臨海工業區中的跨產業合作，以能資源鏈結串聯

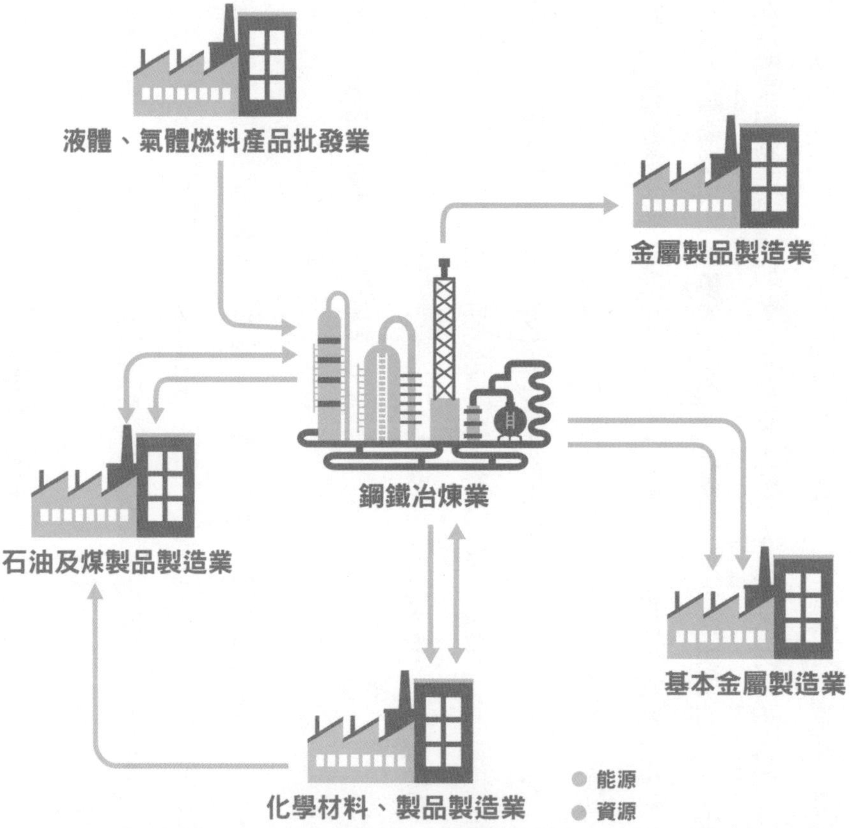

資料來源：經濟部工業局，《區域能資源整合成功案例宣導手冊》
製圖：資源循環台灣基金會

品，中鋼用不到，還得花錢降溫才能排放。這場「危機」促成了雙方合作，中鋼廠區直接拉管線提供蒸汽給化工廠使用，雙方不用再為蒸汽苦惱，創造出「轉機」。經過二十餘年的努力，臨海工業區的能資源整合網絡已串起十幾家業者，成為國內工業區的示範（圖22）。

接著，我們搭乘小巴瀏覽園區內能資源整合的管線架設。看著一根根架設整齊、內含物標示清楚的管線，我心想這些管線串聯起的不只是能、資源，更是信任（圖23）。這些信任感來自資源的資訊透明，以及業者間的互助；並且在不斷的磨合和溝通中，嘗試出合作的方式。有時，雙方也要能夠適度互相讓利，鋪陳更長遠的合作關係，就像大自然中不同物種間互利共生的運作一般。

因應園區內廠商的製程屬性，串聯起的資源整合大多是氣體。以臨海工業區內的能源整合為例，光是蒸汽的共生交換，每年就為中鋼帶來近二十億營收，讓原本需要「花費」處理的廢棄物變成創造「營收」的產品。源源不絕的蒸汽直接供應，讓化工廠不用再擔心穩定度問題，也對工安和環保產生助益。自一九九四年來，由中鋼帶動的蒸汽整合已節省約二百二十三萬公秉低硫燃料油的能源使用，減排上萬噸的空污和相當於一・七萬座大安森林公園吸碳效益的溫室氣體，

圖 23：臨海工業區共生管線鏈結，串起能資源也串起信任

來源：中國鋼鐵股份有限公司

甚至還有騰出廠區土地空間的附加效益。

就水資源而言，不僅乾旱是問題，大雨也是廠商心中的痛！暴雨造成水庫濁度飆升，大幅減少可用的自然水。愈來愈極端的氣候，是產業一大營運風險。一次我和某位科技大廠老闆談話，他說：「相較於水電價高低，其實企業更重視水電的供應是否穩定。」

廠商善用資源的方式，應依「循環尺度原則」，**優先從製程內循環、廠內循環、園區內循環到跨園區循環。**

為什麼呢？

套句台糖同仁的話，「運」了就「輸」了！尤其是量體大的資源。例如水，長距離運輸造成損漏及額外碳排，小尺度的循環能更具彈性且風險低；氣體不但體積大且需要特定的儲存運輸條件來保證安定性，也適合就近循環；有機資源如豬糞尿、廚餘等的長途載運成本高，因此更適合在地化發展。若能在每一個工業園區規劃初始，便把共生循環規劃好，更能極大化能資源整合的效益。

如果可以進一步擴大水電資源的整合範圍，會從中發掘出**工業和民生整合的契機**。鳳山水資源中心就扮演了將民生污水處理後，提供再生水給臨海工業區使用的角色；民生污水不受天候限制且質量穩定，正好提供產業所需的穩定水資源，同時舒緩了民生和工業的用水壓力。以前工業用水排擠民生用水，現在民生污水返回為工業所用；雙方透過水循環，從競爭轉為合作雙贏，中鋼即是受惠廠商之一。在遭逢幾次用水危機後，中鋼決心開發多元水資源策略，除了在廠內架設廢水純化廠，更積極開發廠外水源，導入鳳山水資源中心的再生水。位於無大型水庫高雄的中鋼，憑著「廠內外通吃」，讓廠內可自行供水時數增加二十四小時，等同於一座十一．四萬噸蓄水池。

別白白浪費了「冷能」

除了工業廠區的共生，農業與工業間也有意想不到的合作機會。以永安天然氣接收站為例，液化天然氣的氣化過程使用大量的海水來升溫，經過熱交換讓海水溫度較原來海水溫度為低，夏季多維持在二二至二四℃，又稱為「冷排水」；另一方面，永安站附近養殖漁業生產區占地約一千兩百公頃，過去養殖戶大多自行接管由海濱抽水，但冬夏水溫變化大，加上水質不穩定，容易孳生病菌，甚至造成魚群集體暴斃。由於接收站的海水經過前處理，水質穩定良好，冷排水正好能作為養殖的好法寶，為鄰近漁民省電、省工，更讓魚存活率提高約一五%，養出號稱鑽石級的石斑魚。這形成一個漁民、接收站與能源合作共好的三贏局面。

所謂「冷能」，就是利用一定的溫差來獲得有用的能量。

台灣有多少「冷能」呢？

以二〇一九年進口一千六百六十萬噸的液化天然氣來估算，其中就蘊藏近三百八十千瓩的冷能。可惜的是，這些冷能大半會在氣化的過程中被浪費掉，消散在海水或空氣中。隨著國家能源轉型的政策，未來還有更多的天然氣需要進口，代表著更多冷能利用的潛力，創造不同的在地合作機會。

系統性地推動循環園區

如何推動工業園區落實零廢棄、零排放、零事故的三零目標，是每個有製造業國家的共同需求。由英國推出的「國家產業共生計畫（National Industrial Symbiosis Programme，NISP）」已運作將近二十年，在英國創造出效益後[26]，迄今已被近二十國在國家或地區層級推廣，包含加拿大、墨西哥、南非、中國等。

這個計畫由一群專業的顧問輔導，通常會先邀請具資源互補特性的產業一起來討論共生契機、能資源媒合的機會，分享成功做法建立信任文化，再將媒合資訊建立到線上資料庫，開發成媒合平台做數位化管理整合。一則做到資訊透明，二則也利用大數據資料庫來鑑別媒合機會。這巧妙地整合了「人事物」的規劃，

26 國家產業共生計畫NISP在二〇〇五至二〇一三年創造的效益：創造十億英鎊的銷售額、減少十億英鎊的成本（包含廢棄物清運處理等）、減少四千兩百萬噸的二氧化碳排放量、避免四千七百萬噸事業廢棄物送到掩埋場，並創造了一萬多個工作機會。

同時運用資通訊科技的「電腦」及專業顧問知識的「人腦」，來當媒人，促成資源共生的媒合。

仍以製造業為產業主軸的台灣，有二十年的能資源整合基礎，有以鋼鐵業為核心，也有以汽電共生廠、生質能蒸汽廠、水泥業、造紙業、以及環保產業等等為主軸的模式。我們若能多與其他國家交流，不僅可以瞭解不同做法的優缺點，也藉機讓國際社群知道台灣產業共生的成果。目前，台灣每年約二千萬公噸的事業廢棄物，雖有八〇％的再利用率，但處理後仍有許多價值及使用偏低，另還有二〇％的廢棄物有待供需媒合。利用台灣的科技實力，促成以大數據為基礎的「再生資源技術和交易服務平台」更能增加資源被善用的機會。

從「去化」到「資源化」，關鍵要點是需要讓資源有「護照」，**資訊透明流通能大幅增加鏈結機會**。

再生資源技術和交易服務平台裡蘊藏很多技術創新與研發、資源再生的投資和就業的機會。

這幾年在公部門的努力下逐步萌芽，未來需要吸引更多有能力的廠商投入；進一步來說，我們可以把資源的媒合交易視為一個產業來推動，讓廠商開發商機，提供專業化的服務，透過商業化才能把規模做大，效益放大。

如何將工業園區打造成「循環園區」呢？除了串聯起產業共生的網絡外，還可以導入**服務型商業模式**，例如廠房設備、化學品採購服務；同時運用高價值循環策略，在產品設計階段就植入**循環設計**概念，讓產品易維修再使用，材料價值得以被留存下來。如此才能有綜效地持續提升各個製程裡的資源生產力和循環使用程度，達到生產、生態、生活共榮的園區型態，也打造「台灣製造」的市場差異化。

推動循環園區幾年下來，欣見工業局已著手規劃循環園區的檢視指標，來診斷既有園區的循環現況，瞭解不同園區間有哪些共生契機，為整個國家有系統地串聯產業共生網絡建立基礎。期許未來，政府會持續打造「產業共生新引擎」，系統地規劃經濟誘因、法規配套和數位化等措施，帶動既有園區的轉型，讓循環園區規格成為台灣工業園區的新標準。

值得一提的是，台灣幾個大型的工業園區，例如高雄的石化園區、新竹的科學園區，多半是由相同產業所組成，所使用的原物料與副產品有很高的同質性，缺乏合作的元素和誘因。因此，政府應該開始串聯國內園區間的共生合作，將這些工業園區建設成一個共生「網絡」！

第二節　循環合作：串聯供應鏈，促成封閉循環

設計階段決定了絕大部分產品對環境造成的衝擊。有許多企業朋友常問說：「什麼材料才是循環的？」實際上，就像 REnato lab 王家祥執行長說的：「沒有完美的材料，只有聰明的選擇。」

設計的巧思從思考產品需要被用多久開始，也就是產品的使用壽命。像是燈泡、汽車等這些我們希望能用愈久愈好的，屬於**「耐久的物品**（Products that Last）**」**，適合選擇耐用、不易損耗的材料來製作，譬如鋼鐵、塑膠、玻璃這類經得起風吹雨打的材料。這些資源的價值，可以藉由工業循環被保留下來。食品、民生消費性物品，這類會被消耗掉、使用壽命短的屬於**「流動的物品**（Products that Flow）**」**，需要採用單一、安全無毒、易分解的材質。這類物品消耗速度快，民眾需要快速大量購買，因此最好使用可再生的生質材料，減少我們對非再生資源的開採。物品裏蘊含的資源養分，能透過生物循環的新陳代謝回到自然環境

中。

生活中的物品大多由多種材質組合而成。以辦公桌家具來說，假設一張桌子有二十年的使用壽命，屬於「耐久的物品」，甚至占大多數材料的木頭和鋼材可能有更久的耐用年限。首先，我們需要思考的是如何讓這張桌子在生命週期內發揮到最好的價值。例如以**循環設計**使得產品預留最大化的升級、彈性、可維修及可回收性，**服務型商業模式**使得桌子能服務不同需求的顧客，透過**價值留存程序**維持功能性。當桌子真的不堪用了，木頭可依循生物循環路徑降級使用，例如裁切成更小片的木材，而鋼材繼續在工業循環中被重複運用。

但當我們把使用壽命差異巨大的材料用於同一種產品時，就會造成矛盾。最簡單的例子是用數百年不會分解的塑膠包裝紙，包住一顆五分鐘就吃完的糖果！「流動的物品」的特色是使用頻繁，當塑膠紙不慎流到環境中，造成了污染的惡夢。

然而，系統性地規劃這兩大系統，難以光憑一家企業就能改變，需要整個產品供應鏈的「循環合作」來串聯改變。下面以太陽光電與塑膠包裝容器的案例，探討從「耐久的物品」與「流動的物品」出發，重新設計系統的可能！

太陽光電循環化：情比金堅的商業模式

一次出訪友好國家的經驗，讓我驚覺到過往貿易思維已顯不足。研商會上，雙方就太陽能板的功能、售價等議題談得差不多，進口國卻問了一句：「綠能固然好，但太陽能板用完後該如何處理？」突來的大哉問，點出看似買賣雙方皆是贏家的「雙贏」經貿合作，背後暗藏著「雙輸」危機。

根據艾倫・麥克阿瑟基金會的研究，人類所製造出的溫室氣體，五五％來自能源使用，而四五％來自產品製造與消費（圖24）。現在普遍使用的太陽能板生命週期約二十到三十年。在我們這一代使用太陽能板來創造再生能源，讓能源使用與環境衝擊逐漸脫鉤。然而，在太陽能板製程中，卻造成酸化、優養化以及高碳排等環境衝擊[27]。現在的解方留下的副作用，可能成為下一代的問題。製造時，污染留在出口國；廢棄時，太陽能板的廢棄處理成了進口國的問題。

二〇五〇年台灣預計會產生超過一百四十萬公噸廢太陽能板，全球將累積超過七千萬公噸的廢棄量[28]，是不可小覷的數量。因此，各國積極尋找將太陽能板轉變成有價資源的方法，卻忽略轉變的關鍵：**從源頭改變太陽能板的設計**。

若以「耐久的物品」的觀點重新設計系統，需以零廢棄為目的設計新型太陽能板，使它能夠透過維修、翻新再製造等方式延長壽命。

當生命週期結束時，能夠回收處理再生成下一塊太陽能板的材料，製造端與回收端的供應鏈合作，讓物質封閉循環，成為彼此的助力。重新設計太陽能板，讓能源轉型與創造再生能源的產品，皆能對碳中和的全球承諾有所貢獻。

圖 24：減少碳排需能源轉型與循環經濟並進

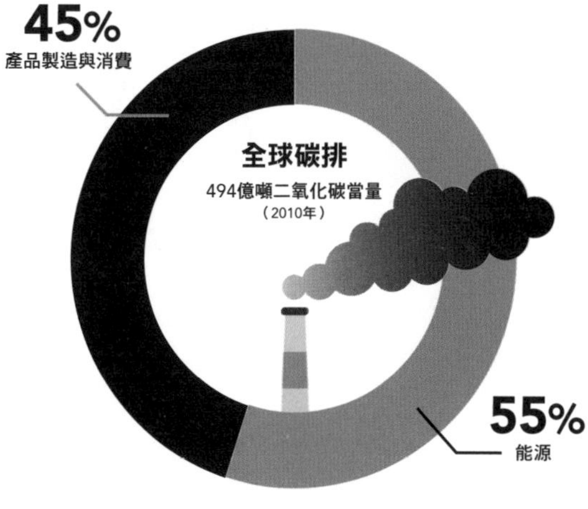

資料來源：艾倫．麥克阿瑟基金會
資料整理與製圖：資源循環台灣基金會

27 Vellini, M.; Gambini, M.; *Prattella, V. Environmental impacts of PV technology throughout the life cycle: Importance of the end-of-life management for Si-panels and CdTe-panels*. Energy 2017, 138, 1099–1111.

28 IRENA, IEA-PVPS, *End of life management Solar Photovoltaic Panels*, 2016

製造太陽能板過程產出的副產品像是矽泥或切削液，過去多堆置於倉庫，甚至被不肖業者任意傾倒、掩埋，造成許多不可逆的環境衝擊。成亞資源公司將矽泥轉換為矽碇產品，並做為升溫劑應用於鋼鐵產業，不但解決太陽能產業切晶廢矽泥的處理問題，同時協助鋼鐵產業減少原生物料使用；光宇材料公司將廢棄物轉換為高純度矽粉、碳化矽及二氧化矽等有用的工業材料，應用到紡織業、輪胎、製鞋業等民生用品，製程中所產出的高純度氫氣，可作為工業用途、發電、廢熱能發電於廠內使用。太陽能板中的貴金屬，多採強酸系統或熔煉製程回收，造成大量廢液或廢氣，優勝奈米已可透過無毒的溶劑回收，安全、快速地回收貴金屬，還保有其他材料的完整性，讓其他資源也得以再生利用。其他像是鋁框、玻璃、塑膠等，台灣也累積多年的回收技術，讓製造到回收的過程可以盡量減少排放與廢棄。

然而，**客戶需要的是太陽能而不是太陽能板**，「循環合作」的目的是促成物質的封閉循環。

台灣擁有太陽光電產業鏈的製造實力，太陽能電池製造產能位居全球第二名，具有完整的產業鏈[29]，也有材料回收再生的基礎。因此透過產業鏈的擴大與合作，我們有能力提供「太陽能板＋服務＋回收再生」整套解決方案（turnkey solution），讓客戶不用擔心使用與廢棄時的衍生問題，台灣太陽光電產業則擁有資源在產業鏈中循環使用，**設計一個有高發電效益且易升級的太陽光電服務型商業模式，才是台灣太陽光電產業的真實競爭力**（圖25）。

歐盟的 Circusol[30] 聯盟正在試行服務型商業模式。

他們預估，二〇三〇年將有八百萬噸太陽能板以及兩百萬個電池將在還有效能之時被廢棄，因此希望能善用這些二手太陽能板以及電池。

供應商將太陽能板及電池租給不同類型的案場使用，除了確保發電效益外，合約結束後會取回再租用給下一個使用者，或由夥伴回收處理；透過創新商業模式，為供應商帶來多元收入以及與客戶的長期關係，使用者減少前期大筆投資，確保已安裝系統的最佳性能；並在使用過程中，最大程度地減少營運負擔，延後二手太陽能板及電池進入回收階段，降低開採使用新資源，讓資源逐漸在太陽光

29 工業技術研究院，《二〇一九年台灣太陽光電市場現況與展望》，二〇一九

30 CIRCUSOL, https://www.circusol.eu/en

圖 25：客戶需要的是太陽能而不是太陽能板

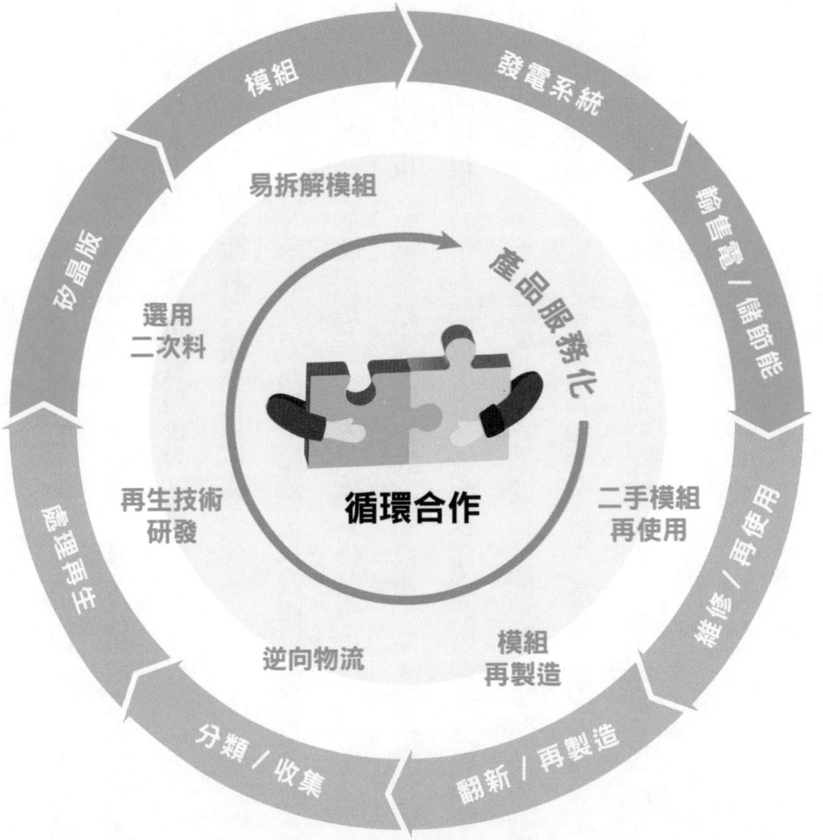

太陽光電產業循環願景

來源：資源循環台灣基金會

電產業的製程中封閉循環使用。

包裝循環化：改變我們裝運商品的方式

網路科技不僅造就了資訊產業的發達，也讓我們的生活更加便利。餐點外送平臺與網路購物在疫情盛行的時候，讓許多必須在家隔離或工作的人，依然能夠維持生活的運作。然而科技的加持，並沒有改變我們大量仰賴一次性包裝容器的習慣。

在線上買東西，寄來時除了產品本身的包裝，還會多上一個塑膠包或紙箱、封箱膠帶，甚至比產品體積大上不少的塑膠緩衝材。

在台灣，網路購物一年就產生了一億個包裝，相當於一萬八千噸的包裝垃圾。這些一次性包裝容器的增加速度，甚至可能壓倒過往二十年環境教育與各種減量措施的成效。

難道問題是科技不夠進步嗎？

正如科幻小說家艾薩克．艾西莫夫所說的「人類最大的問題，就是科學研究累積科技和知識的速度，快過於社會累積生命的智慧！」，癥結在於我們在缺乏反思的狀況下，科技反而延續與放大了既有的問題。

但是如果我們重新思考，把商品帶給消費者，一定要以一次性垃圾為代價嗎？我們可以用「耐久的物品」或「流動的物品」兩種方式，來重新打造包裝循環使用的系統。

耐久的包裝：設計耐久的物流袋或箱，以商業模式及逆物流做搭配，能使包裝多次循環使用。例如台灣的新創團隊配客嘉，開始與部分電商推動試辦計劃，以能夠重覆使用的循環袋，取代一次性的破壞袋。甚至還加入了防撞設計，讓包裝內部也不需要放入緩衝材，就能有效地保護商品。電商透過循環袋將貨品寄出，消費者取貨後將循環袋歸還到回收點，經過整理重新提供給電商出貨使用。

流動的包裝：必須採用一次性的設計時，必須考量到逸散至環境的風險較高，以及會有物質耗損的情形。

因此未來應優先以可再生的生質材料製作，並確保產品能夠無害地回歸自然環境。以生質材料製作、能在堆肥環境中被微生物徹底消化，且不具毒性的可堆肥塑膠，能讓難以重覆使用的一次性產品，能夠成為土壤養分；若不幸逸散到環境之中，也能大幅減少衝擊。

這不僅僅需要產品的重新設計，許多材料也仰賴一套完整分類、收集與堆肥再利用系統的建立（圖26）。

然而，目前連鎖超市都紛紛採用的玉米澱粉樹酯（Polylactide，ＰＬＡ）托盤，就是一個顯著的例子。由於被歸類於雜項塑膠，缺乏獨立回收系統及對應堆肥措施，導致這些生質塑膠最後都還是進到焚化爐，沒有重新回到自然界中循環。

但我們也看到企業企圖串起後端完整循環的案例。長期致力於推廣環境友善與有機農食的里仁企業，開發了一套可堆肥包裝來盛裝生鮮蔬果，並與慈心有機農業推廣基金會合作，推動消費者將使用後的包裝拿到店內回收：一部分作為可分解的育苗盆來栽種樹苗；一部分送往實驗堆肥場製成肥料，施用於造林用途。

生質材料在包裝上的應用不僅於此。像是技嘉科技使用一〇〇%稻殼環保包裝，製造過程不添加化學物質，唯一的副產物是稻殼裡排出的水，稻殼材質使得包裝更加輕薄，可使原料碳排下降六四%[31]，並可以完全自然分解回歸大地。美

31 技嘉科技，《企業社會責任報告書》，二〇一九

圖 26：以系統性合作重新打造包裝循環化的系統

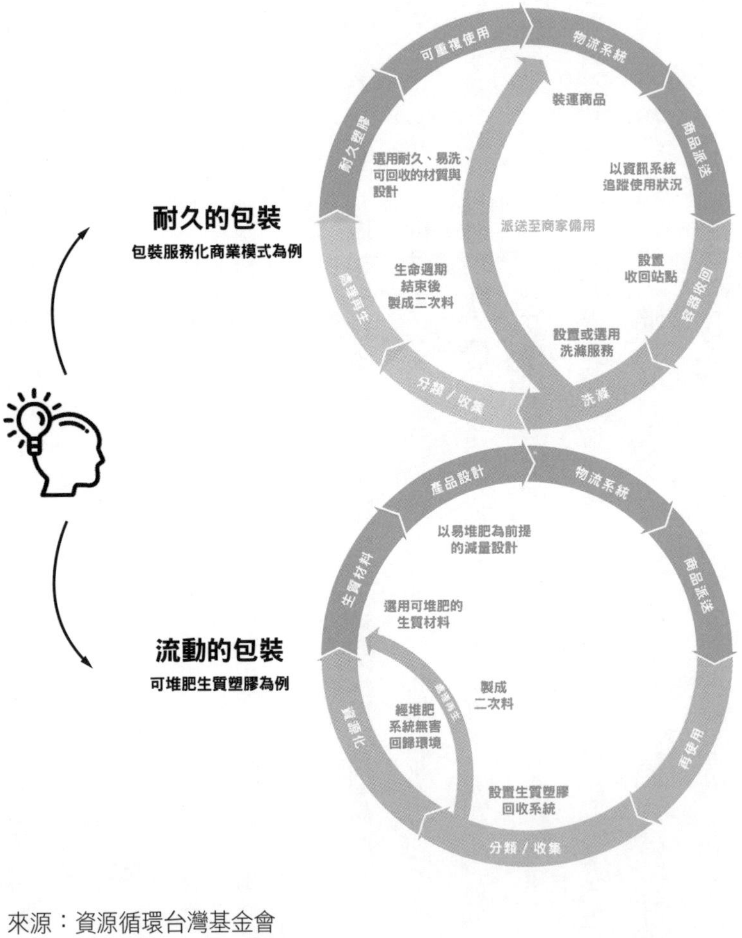

來源：資源循環台灣基金會

國 Ecovative 公司，更是利用菌絲「種」出包裝，可取代保麗龍材質，不但堅固，同時也能塑造成不同的形狀，製造過程不添加化學物質，使用後能將包裝直接作為堆肥。

在還未能建置完整的生質塑膠循環系統之前，讓既有的塑膠包裝容器，能夠被妥善回收再利用，也是塑膠循環的必要環節。在「分類收集」與「處理再生」兩個主要階段中，也都有著許多進步的可能。像是 ECOCO 智慧回收機結合 App 服務平台集點數制度，以輕鬆、有趣的方式鼓勵大家參與環保行動。大豐環保科技規劃了一整套收集與處理系統，讓他們製造的二次料不僅僅能夠被溯源，更取得國際品牌的信任，讓這些二次料能夠成為新的產品包裝。

打造新塑膠經濟，企業與消費者的共同行動

科學家警告：「如果現在我們不採取行動，到了二〇五〇年，全球海洋中的塑膠將比魚多。」[32]

海洋塑膠的污染引發全球關注，眾多國際品牌都簽署了由聯合國環境署與艾倫．麥克阿瑟基金會發起的《新塑膠經濟全球承諾》（New Plastics Economy Global

Commitment），承諾削減不必要的包裝使用、優先採用可重覆使用的包裝容器，並規劃與執行有效率的塑膠回收與堆肥系統。

然而改變一項產品的材質與設計，乃至於商業模式的改變，都需要整個供應鏈的合作才能達成。譬如，要普及包裝容器的再使用服務，需要整個物流系統的改變，並仰賴品牌、物流、通路的配合。要讓可堆肥塑膠真正成為一次性包裝容器的解決方案，就得找出在地的原料來源與技術，還要改變既有的回收分類方法，建制一套工業堆肥系統。

不管是哪一種解決方案，都需要高度仰賴不同利害相關人的協力合作，這也是為何「系統性合作」是實踐循環經濟的關鍵策略。

不只是政府的政策介入與基礎建設，也不光靠企業的實踐作為，還需消費者重新調整自己使用包裝容器的方式，自備容器或支持各種循環解決方案。**當消費者加入改變的行列，才能帶動變革的發生**。

台灣擁有完整的塑膠供應鏈。從上游原料及中下游加工，以及塑膠機械、模具、再製等周邊產業，再搭配產品服務型的商業模式。台灣能夠提供封閉循環的解決方案，與各國攜手合作，留給下一代乾淨、健康的海洋。

圖 27：系統性合作之多重效益

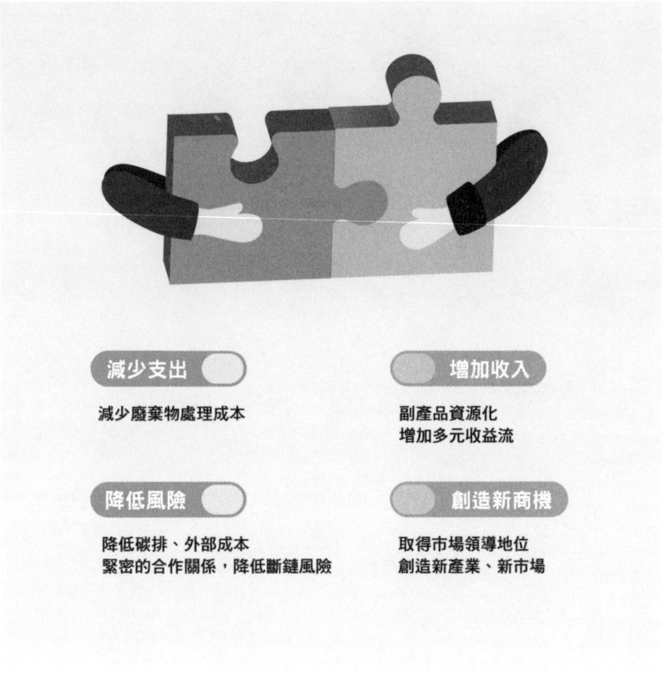

來源：資源循環台灣基金會

32 Ellen MacArthur Foundation & World Economic Forum, the New Plastics Economy: Rethinking the future of plastics, 2016

第七章　循環農業，三路並進

「在三十八億年的研發之後，失敗者成為化石，環繞在我們四周的，是生存的秘密。」

——珍妮・班亞斯（Janine Benyus），生物學家及仿生學大師在疫情衝擊下，許多國家為了確保糧食安全禁止糧食出口，消費者則深怕缺糧而焦慮地搶購和囤積。

但矛盾的是空盪貨架的另一端：農產品因為缺工無法採收或無法加工，導致美國近二十家肉類屠宰廠關閉、雞肉加工廠被迫將二百萬隻雞安樂死、大量的牛奶被倒入下水道；因港口運作停擺，導致農產品無法運送。

疫情暴露出了這條全球漫長的食品供應鏈脆弱之處。

台灣的糧食需求六〇%仰賴進口，畜牧業所需的飼料「黃小玉」（黃豆、小麥、玉米）更是九五%仰賴進口。倘若其他國家因故無法供給台灣，畜牧業恐面臨倒閉，進而影響餐飲業及龐大的餐飲業工作者。這是我們無法迴避的國安危機。

全球脆弱的糧食供應系統、台灣的糧食國安危機，根本問題正是來自近百年來農業以「有經濟規模才有競爭力」的工業發展思維，群聚了許多集中型的工業化農產區域。

當供應端採「集中型」的生產，農產品會被幾個大國和大農企業「壟斷」，但是消費者遍佈世界的每個角落，屬高度「分散型」的需求。這種高風險的、工業化的供應鏈，一旦斷鏈，就是矛盾失衡的開始。

當我們看到農業的發展被傳統工業化的發展思維「綁架」時，我們需要重新思考「農業工業化」的模式，是我們唯一的選擇嗎？

如同三百多年前英國文學家山繆．強森提醒我們「唯有農業是一個國家可以完全聲稱屬於自己的財富」，空氣、水、土壤、陽光與生物多樣性，農業系統的產出，都是我們所共有的財富，但我們是珍惜使用，還是浪費揮霍？

在還有許多人無法溫飽或營養不足的狀況，台灣每年卻浪費數十萬至百萬公噸的食物；台灣每年養殖超過五百萬頭豬，豬糞尿的肥份相當於四百萬包肥料，卻被排入水中造成河川污染；農地過度施肥，不僅浪費，更造成氮及磷酸鹽對於水源的污染；還有許多被視為不宜耕作的農地被閒置、荒廢，或轉為工業或都市發展用途，短期看似獲利，長期卻讓我們有限的自給財富被消耗殆盡。

面對脆弱的土地及糧食生產系統，重新以珍惜每一份資源態度規劃我們的「財富」，**打造出一個具有韌性、可再生的循環農業系統**，將農林漁牧的產品本身以**高價值循環規劃全利用**，並將**生產過程使用的能、資源，甚至設備、建築物或資材做最高效益的運用**。具體可以從三個角度切入：一、以多元種植與養殖的生產系統重建土壤；二、以全利用、零浪費「在地」農業資源為目標，提升農產品價值，改善食物消費文化；三、最終將養分回歸土壤，開啟下一次循環旅程。

第一節　多元種植與養殖，從健康的土壤開始

「一個國家摧毀它的土壤時，也將摧毀它自己，」美國前總統小羅斯福的一番話道盡了土壤的重要。

聯合國報告指出，全球土壤年損失二百四十億公噸，人類活動將土壤置於危險之中，同時威脅著人類所依賴的生態系統，譬如食品安全、水資源供應、人體健康等，甚至包含氣候變遷[33]。

對抗氣候變遷，大多數國家提出的對策偏重節能減碳及能源轉型。

然而，自然之中能夠儲存為數可觀的碳。聯合國政府間氣候變遷專門委員會（IPCC）在二〇一五年提出「千分之四倡議」，呼籲世界各國政府攜手合作，**以每年增加土壤千分之四的有機質為目標，就能幫助地球增溫幅度控制在二℃以下**，並可改善土壤肥力、農產量。

在英國，由於土地地力持續銳減，甚至賦予了農夫保護土壤健康的責任目標，其「健康土壤」政策目標在二〇三〇年前恢復全英國土壤的健康[34]。長久以來，台灣社會已開始重視水和空氣污染，殊不知更嚴重的，是土壤被侵蝕、鹽漬化、酸化和污染。

我們需要根本地檢視許多「慣行農法」的迷思：以大量種植單一作物最大化經濟效益、使用化肥與農藥等看似提高產值的生產方式，但卻忽略生態、環境等外部成本正逐漸地反噬這片土地。

與土地共生的種植與養殖

要打破窠臼，我們需要重新設計一套兼顧「生存環境」和「農業產能」的農業生產模式。

美國維吉尼亞州的 Polyface 農場，就是一個實踐永續農場的最佳案例。牛隻

33 United Nations, *Global Land Outlook*, 2017

34 UK, *A Green Future: Our 25 Year Plan to Improve the Environment*, 2018

採輪牧的方式，當一區的草被吃完後將牛隻移至下一區，讓牧草有充分的時間恢復再生；同時引入雞群啄食牛糞中的蟲，並將牛糞打散，讓寄生蟲的數量減少，因此農場不須使用除蟲劑；雞產出營養與風味俱佳的雞蛋，雞糞又成為土地的氮肥；冬天利用牛糞、麥桿、玉米做堆肥讓牛棚保溫，春天讓豬隻在尋找飼料的過程中協助翻堆，堆肥又可以作為草地的養分，充分展現出人類、動物與自然生態間的合作無間。

當人們以為Polyface是一個養牛、豬、雞的農場，農場主人卻說他們其實是在養「土地」。農藥及化肥會破壞土壤與其中的微生物群，進而破壞土壤固氮、固碳等能力。反之，藉由有效管理陽光、水及肥分，保持土地高度的生產力，自然生態就能不斷地循環。

與大自然共存的生產方式有很多種，「仿生」是向大自然學習，藉此轉化為有系統的知識及方法。台灣的興藝峰公司就是透過一套獨特的仿生農法，在不用化肥與農藥的條件下，創造生機蓬勃的環境。

興藝峰模仿雨林的水土循環和人體皮膚與血液輸送的方式，透過如同微血管的地下管線，將水、養分和空氣直送土壤，創造地下濕潤、表面乾燥的環境；地下管線可以減少水分蒸發，表面乾燥可以抑制雜草並降低病蟲害；空氣透過管線直接送入土壤，因此免翻耕，減少有機物的分解和流失，維護有益土壤微生物的棲息地，創造出豐沛的地力，生產出無污染、健康的作物（圖28）。

從大量生產單一作物的慣行農法，到充分利用水、空氣、土壤和生態的多元生產方式，讓我們有機會從集中型、高風險的生產，跳脫到分散型、低風險的循環農業。

循環農業不只是避免使用化肥、農藥，更根本的是健康的土地、生物活躍的生態系統。將有機質、保水能力、微生物種類、生物多樣性一併思考，更能促成在地就業，如此一來，才能保障一個健康、安全、可持續的供應系統。

我們需要循序漸進、按部就班地復育我們的生存環境，經過設計，人類也可以和大自然和諧共存，呼應開頭提到美國前總統小羅斯福的話，我相信：「一個國家重建它的土壤的同時，也是重建它自己的過程！」

生產過程循環化，提升能資源效益

除了農漁牧產品本身，種植與養殖過程使用到的設備、建築物或資材也是循

圖 28：模仿雨林與人體輸送血液方式的仿生農法

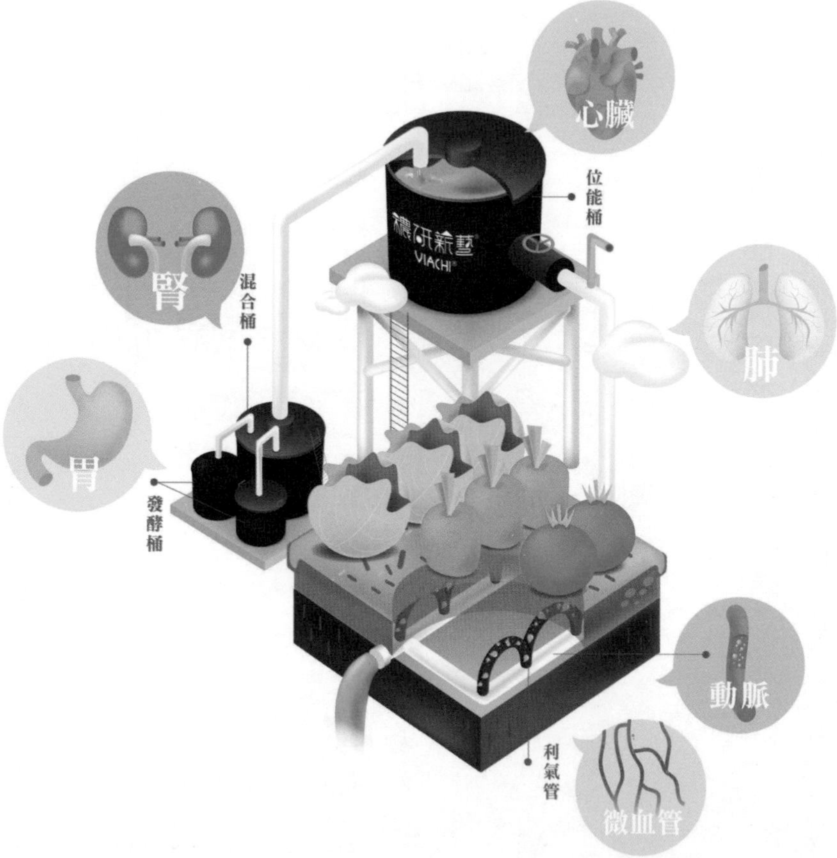

來源：興藝峰生技農業股份有限公司

環農業系統的一環，透過重新設計，不僅有助於優化生產過程的產出及能資源效益，也能與周遭的環境、社群共生共好。

比如每年颱風季往往造成農損，其中溫網室的毀壞、補貼與重建是每年反覆發生的項目。「只要溫網室被颱風吹壞就有補助可領」的機制，反造成農民與溫網室業者使用不耐用的材料，溫網室幾乎淪為一次性使用。

若是政策換個方向，以「耐久的產品」原則由製造商擁有溫網室租給農民，更可以鼓勵製造商做出更耐用的設計，政府也不用反覆花預算在補助毀壞後的重建上。

例如，台南地區近海或河口牡蠣養殖的產業，多是選用保麗龍浮具支撐浮力，隨著時間，保麗龍漸漸因海水侵蝕、被生物附生穿孔等原因不斷脫落，污染海洋。如果**重新設計耐用浮具並由製造商擁有**以租給漁民，或以「流動的產品」原則設計**生物可分解材質**，才能從源頭解決再怎麼努力回收也無法處理的問題。

二〇二〇年，因應美豬進口，政府設立了百億元的「養豬產業基金」來提升養豬產業的競爭力。

我認為這筆基金更應該被視為對未來的投資。豬舍升級尤其應是投資重點之一。導入循環建築的觀念（詳見第八章），將傳統豬舍改建為與大自然共存的循環豬舍，未來糞尿、水、二氧化碳、甚至豬隻體溫，所有的排放都能作為資源使用；並使用**模組化設計**，當未來產業政策改變或要更改豬場設計時，可以快速變動建築設計；也導入**智慧設備及科技管理**讓豬隻健康快樂地成長，使得豬農、周遭居民及消費者都能獲益。

第二節　無廢再生，食盡其用

為了地球上的七十八億張口，五〇%的可居住地以及七〇%的淨水被使用於生產食物。即使我們投入了龐大的資源，在生產和消費的過程中，全球仍有三分之一的糧食被浪費掉，相當於每年十三億公噸[35]。數字相當驚人。

然而，這數字僅包含了被浪費的食物。若將生產、消費食物過程中投入的能源、肥料、水、人力等一併計算，每年被浪費掉的資源將遠比十三億噸更為可觀。

根據艾倫・麥克阿瑟基金會調查，我們現在每消費一元的食物，就有兩元的負面影響成本[36]，溫室氣體排放、土壤污染、人體健康都是背後的代價。

無廢再生，挖掘大地的寶藏

台灣天然資源有限，卻也透過農漁民的努力，產出多元且豐富的農產品。然而，從源頭種植、養殖、加工、運輸、配送等過程，有許多沒有呈現在消費者眼前的浪費。台灣每年近五百萬公噸[37]的「農業副產物」，包含稻稈、稻殼、禽畜糞、菇包、豆殼、果菜殘渣等等。如同第四章提到的，都能透過生物精煉，生產出生活所需的食物、飼料、肥料、能源與生質材料。

以豆殼、蔬果皮來說，富含營養卻在工業化的生產及加工過程之中被拋棄。如今，有愈來愈多的生物技術公司以酵素技術，賦予這些被忽略的資源新生。像是京冠生技透過固態發酵技術，將綠豆殼轉變成動物的機能性飼料添加

35 Food and Agriculture Organization, *Global Food Losses and Food Waste*, 2011
36 Ellen MacArthur Foundation, *Cities and Circular Economy for Food*, 2019
37 行政院農業委員會，農業統計資料查詢二〇一九年綠色國民所得帳農業固體廢棄物，查詢日期：二〇二〇年十一月十六日

劑，不但能提升動物生長效益，還能取代抗生素，減少食品安全問題發生的風險，讓綠豆殼價值提升十倍以上。

在關東煮常見的蘿蔔，加工過程會產生許多蘿蔔皮，透過生物科技可以將原本需花費二十年製造的老菜脯縮短至一個月，讓蘿蔔從每公斤十元的鮮菜價格，搖身一變成為每公斤二千元以上的高價食材。

也有公司從香蕉皮、龍眼殼、紅藜殼等農業副產物，萃取出保健食品成份，像是香蕉皮中的血清素、龍眼殼裡的護肝成分，創造約二百倍的經濟價值。

每天早上的一杯咖啡，咖啡渣就占了九五％以上。這些咖啡渣若隨意丟棄，在分解時會產生甲烷、二氧化碳等溫室氣體。國外已有公司開始研究如何從咖啡渣萃取出生質燃料、再製成燃料棒或者做成餐具。台灣也有許多咖啡渣運用的創新技術，像是轉換為飼料添加劑、作為紗線的原料、用於鞋墊、萃取護髮油等。

憑藉著台灣多元的產業型態和創新技術，農業副產物的全利用充滿各種新商機，如同京冠楊青山董事長所說：「秉持著無廢與再生的信念，我們要扮演挖掘大地寶藏的夢想家。」這些看似無用的農業副產物，實則大自然留給我們的寶藏，正靜靜地躺在這塊土地上，等待著我們去挖掘，等待我們去發現。

食盡其用，剩食也能變「盛食」

不只是生產端應該改變，負責任的消費者更需要用手上的鈔票，支持循環農業。

優先食用當地、當季、低環境足跡的農產品，能減少碳排、外部成本及糧食與進口風險，也直接支持在地的農業和農友。

為減少產銷的浪費，我們可以支持、鼓勵食材、食品全利用的店家。像是家樂福從生產端的浪費切入，與產地農民配合，收購未符合市場規格的蔬果，在全台分店設置銷售專區；明日餐桌餐廳回收菜市場醜蔬果，翻轉大眾對於續食料理的想像；扌合生態廚房將傳統料理順序「先想食譜再取得食材」轉變成「先收集格外品再發想食譜」，讓更多人認識格外品的可利用性與價值。

1919食物銀行扮演食物浪費與社會福利間供需的平台，透過個案審核機制，將來自各地的物資（包含產地、賣場、企業的即期品、格外品）媒合分送給弱勢家庭；或透過中央廚房產製冷凍調理包，提供原鄉／偏鄉的弱勢兒童；無法食用的部分，1919食物銀行用來養黑水虻，將生出的幼蟲作為養雞飼料，用來換取食材再投入中央廚房做為調理包，形成一個循環利用的系統（圖29）。

圖 29：食盡其用，農食循環零浪費

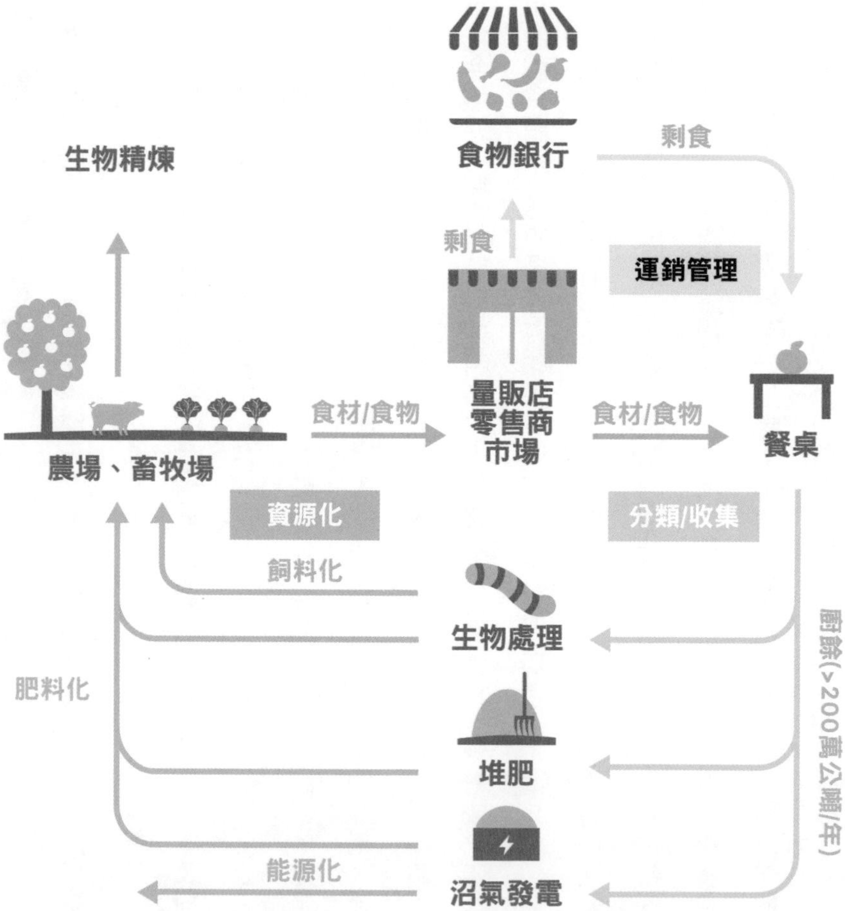

來源：資源循環台灣基金會

台灣有非常多組織關注食物浪費及分配不均的問題，包含台灣全民食物銀行協會、南機場的臻佶祥幸福食物銀行，更有不少地方政府打造惜食網等平台，致力於解決飢餓的問題。

然而，食安法規範過了「有效日期」的產品需下架回收，致使許多雖品質仍佳的產品轉贈或加工再利用困難重重，導致浪費（例如數千年來用作食物保存的糖與鹽卻仍有保存期限，這樣的矛盾實在不少！）。然而，歐美各國及企業已做了減少食物浪費的承諾。如何在食品安全與食物浪費之中取得平衡，更是值得我們深思。

第三節　最後一哩路，開啟下一次循環

有次我和一位領導著百年企業的前輩談話，聽著他回憶父親早年的事蹟，句句經典。其中有一句話讓我特別深刻，他父親告訴他：「一個事業只要做到『無屎無尿』，就會賺錢！」我心想，這不就是「零廢棄、零排放」的概念嗎！多年來，我四處演講分享循環經濟，而他父親的這一段話應證了落實「無屎無尿」不

但是個好主意，也是一筆好生意！

所有「有機資源」像是稻稈、禽畜糞、菇包等農業副產物、食品加工污泥、蔗渣等工業廢棄物，或是來自都市的廚餘、下水道污泥，最終都可透過好氧發酵回歸土地作為養分，厭氧發酵生成能源及肥料，或生物處理讓蚯蚓、黑水虻及蟑螂等生物來轉化。

堆肥及生物處理產業化，創造在地就業機會

當我們盡全力避免食物浪費之後，仍難免會有廚餘產生。當廚餘產生的時候，必須要有良好的處理對策，才不致造成社會和環境問題。以台灣為例，超過六成的廚餘都用以餵豬，但廚餘常混雜垃圾、牙籤、湯匙等雜質，衍生動物福祉問題。目前雖要求廚餘需在攝氏九十度蒸煮一小時才能餵豬，但養豬場眾多，政府難以控管。若爆發豬瘟，將影響二千億產值與七千養豬戶生計。

廚餘採好氧發酵形成堆肥，經過妥善規劃甚至可形成產業。**推動廚餘產業化的關鍵，就在於掌握有機資源的品質、數量，以提供堆肥時穩定的原料**。可善用現有的閒置土地來做規劃，政府協助穩定收購價格，並調整法令，使肥料認證機

制能夠符合堆肥產業需求。因各地飲食習慣及季節變化，導致不同種類的廚餘產生，後混合廠的設置可以依據需求產出不同特性的肥料。以廚餘堆肥為例，將全年產生超過二百萬公噸廚餘[38]做成有機肥料，循環台灣基金會估計每年商機逾十億元。

生物處理則是世界新興的趨勢，尤其是黑水虻的養殖成為各國的熱潮。根據環保署內部報告，一公克的黑水虻蟲卵約可孵化五萬隻的幼蟲，約可處理五十公斤的廚餘。一方面可處理有機資源，養出來的黑水虻幼蟲可作為動物性蛋白質替代飼料、生質柴油的原料，甚至蛋白質、維他命、胺基酸等高價值的營養品。

我們應拋除把廚餘去化的陳舊思維，而以「產業化」的目標去規劃高價值的循環，輔以相關專業知識技術培訓，更能創造許多在地就業機會。

38 計算方式：環保局申報廚餘回收量（家戶）＋事業機構申報的廚餘量（農工礦廠／場、營造業、醫療機構、學校）＋一般垃圾中含的廚餘量（約占四〇％）

打造遍地開花的沼氣產業

相較於好氧發酵，有機資源厭氧發酵可以產生沼氣與肥料。沼氣是一種再生能源，相較於太陽能、風能易受季節影響，沼氣產出更加穩定。許多國家已看見沼氣發展潛力，大力推動沼氣產業。在德國，就有超過一萬座大大小小的沼氣廠[39]。台灣過去投資的沼氣設備，多是養豬場處理廢水的附屬設施，以去化思維看待，並沒有將之視為可以創造能、資源的產業。

台灣每年有超過二千萬公噸有機資源，足夠我們發展出百座規模、每年百億價值的沼氣產業。經過循環台灣基金會的研究，台灣只要回收一半的有機資源，發電量每年可供四十五萬戶家庭使用；剩餘的沼渣液富含植物生長所需之氮、磷、鉀，其肥份相當於四百萬包化肥；甚至產生沼氣過程的二氧化碳、硫、水都可以善加利用，例如二氧化碳可以成為養藻或溫室之用；也因為禽畜糞、廚餘等有機資源的量體大、長途載運的成本高，沼氣發電或純化作為能源時，運輸距離愈長損耗愈大，因此沼氣產業更適合在地型的發展，更可帶起在地投資與在地就

39 IEA Bioenergy, *IEA Task 37 Country Report Summaries*, 2019

圖 30：有機資源零廢棄，打造具多元效益的沼氣產業

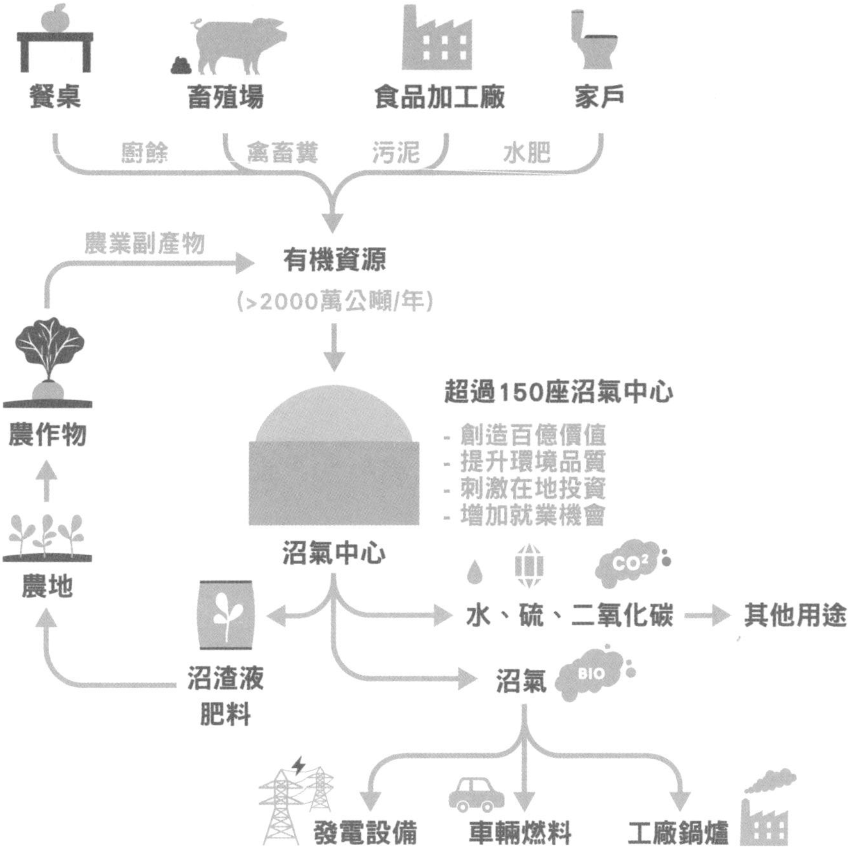

來源：資源循環台灣基金會

業（圖30）。

不同有機資源混合做厭氧發酵，比起單一料源可以產生更多沼氣，因此料源調配成了一項專業技術與新商機。除了直接發電，沼氣也可進一步純化，應用於汽車燃料，與在地政府、運輸業合作規劃，帶來更高的價值。發電後產生的沼渣液經過適當處理，滿足不同作物的養分需求，也可以和肥料業者合作，創造新的肥料市場。

資通訊技術加入也可以產生新的商機。從料源監控、調配，到以物聯網管理沼氣場運作，蒐集數據、分析並加值運用。換句話說，未來不只仰賴販售設備或技術來獲利，而是販售沼氣能源的知識，結合製造能力、金流、人才等知識，轉變更具競爭力的「沼氣能源服務」模式。

落實循環農業，打造台灣的土地文化

疫情帶來的危機，印證了既有的糧食產銷供應鏈的脆弱與高風險，也印證了台灣推動「循環經濟」和「新農業」產業發展政策的前瞻性。

二十年後當我們回頭檢視，便會發現這是個絕佳的契機，可以藉機加緊腳步推動循環農業。

落實「循環農業」的具體作法就是**優化糧食、飼料等在地資源的品質和產值**。可從擴大耕作糧食、國產飼料作物開始，釋出農地，增加作物的耕作面積和產能；強化供應鏈的韌性，避免斷鏈的風險。

我們可以更完整、更精準地盤點全國農地，並有計劃地復原、修護既有的農地，提升使用效益；也要開始復原、活化所謂「遭破壞、不適耕」的農地，將台灣有限的農地善加運用。

如此一來，我們可以充分保持環境的價值與品質，創造經濟價值，同時打造更具包容性的產業，建立城市與鄉村間的連結，讓社會更有凝聚力，打造台灣的土地文化！

第八章　循環建築，讓它生老而不病死

「循環經濟就像打麻將，上家不要的牌，可能就是下家要的。」——張榮吉，台糖土地開發處處長蕨類藉由大樹遮蔽得到舒適生長的環境，葉片落入土壤成為滋養生命的養分，在大自然是沒有廢棄物的。我時常在想，如果我們的居住環境也像森林一般地生長，是否就能改變全球營建業耗用大量能源與資源的現況，並為營建業開啟未來的新契機？

營建產業中建造、使用、拆除的生命週期三階段，彷若建築物的生老病死。在建造與拆除階段，營建業耗用大量資源，全球近五〇％的天然資源用於營建業[40]，同時產生近四〇％廢棄物。

以台灣常見的建築材料混凝土為例，近十年，台灣的公共工程、建築工程每年使用約八千萬到一億公噸預拌混凝土[41]，水泥在採礦的過程多有爭議。除此之外，每年約產生一百七十萬公噸營建廢棄物[42]，重量足以每年蓋兩棟以上的台北一〇一大樓。

在使用階段，建築耗用大量能源，台灣住商部門溫室氣體排放量占全體排放量近二〇％[43]，既有建築物的高能耗使得住商部門碳排放高居不下，僅次於製造部門[44]，是台灣達到二〇二五年溫室氣體減排目標，降幅需求最大的部門。

如何讓建築物能夠生老卻不走向病死，每一份的材料都回到建材甚至是原料，進入另一棟建築物？

循環建築以邁向零廢棄、零排放、零事故為目標，考量建築或工程的全生命週期，將物質資源、水資源與能源規劃為可回復、可再生的機制，將每份資源、能源做最適宜的運用。

落實循環建築，我們可以由三個面向實踐：一、設計和建造建築成為循環不息的有機體；二、創造數位分身，讓建築的部件妥善的記錄與善加利用；三、讓建築內部的能源、水、有機質等養分循環流動。

---

40 Circle Economy and ABN AMRO, *A Future-Proof Built Environment*, 2017

41 經濟部統計處，工業產銷存動態調查，查詢日期：二〇二〇年十月十六日

42 行政院環境保護署，《營建、醫療及農業廢棄物清理管理專案工作計畫期末報告》，二〇一八

43 溫室氣體排放依事業主管機關分為：能源、製造、運輸、住商、農業、環境，共六個部門

44 第二期部門階段管制目標，行政院環境保護署，二〇二〇

第一節 建築物成為有機體，保持最高彈性與價值

跟許多產業一樣，一棟建築物的「生」是最受重視的。建案的業主、建築師、營造公司、工程顧問公司，將心血結晶凝聚「生」出了建築，卻往往忽略「善終」的討論。

然而建築是許多部件的組合體，囊括了結構、外裝、機電、管線系統甚至家具家電，這些部件各自擁有不同的生命週期，若無善加規劃，到拆除階段時，各種層次的構件混合在一起，只好以破壞式拆除，形成大量營建廢棄物。豐譽營造的謝佶燁董事長曾感慨地說，認識循環經濟後，才發覺一生認為蓋房子是做建設的信念，其實製造了大量的廢棄物，「曾經的驕傲，原來是循環經濟的罪惡」。

隨著社會的演變，人們的居住需求也在改變。

一九六〇年代，台灣每戶有五．五人，至二〇〇八年之後，已少於三人並且持續下降；少子化的台灣，高齡的人口卻愈益增加，建築空間更需因應需求的變化；以往依賴私家車需要的停車空間，在運輸共享服務興起之後，需求將大不相同；未來若是由無人車駕駛，它們移動的方式會跟現在相同嗎？

以往城市化的趨勢，因為疫情開始出現另一股反城市而居的潮流；未來由於數位工具的應用，人們對於居住的選擇還會相同嗎？

追求「永垂不朽」的建築已不再合時宜，**適應時代變化的建築，並減少因拆除重建所衍生的廢棄物，才可能保持最高的彈性與最大的價值**。

把建築物視為有機體生長

如何讓建築物保持最高的彈性呢？如九典建築師事務所的郭英釗建築師所言：「每棟建築物都應該像有機體。」透過預鑄、模組化、可拆解的設計，就能在建築物生命週期結束或用途改變時，讓建築有替換零件、維修、增加零件的空間，大幅度地保有建材的價值，成為下一棟建築的材料。

樹苗成長到參天大樹的過程中，枝幹會先分枝生長，樹幹也隨著歲月日益茁壯，成為茂盛枝葉的穩重基礎。而建築物以樑與柱作為基礎，加上牆與隔間形成了不同空間，建材成為了建築物這個有機體的細胞。

我們可以將一棟建築物的層次，依不同時間長度的生命週期展開（圖31）：

- **建築主體結構**：主體結構的壽命五十年、百年以上案例並不少見。建築物消耗大量資源，因此既有建築的結構應以延長壽命為主、而新建物則需減量設計、採用預鑄、模組化的結構以增加未來的再使用率。

- **外裝系統：**保護建築物的外層構件，外牆、門窗、屋頂等，生命週期約二十年至三十年。風吹、雨淋、日曬等氣候條件，會直接透過外裝系統影響建築物的耐候性與興建後的能源耗用。
- **機電與管線系統：**空調、電氣、給排水等機電設備與管線配置，生命週期約二十至三十年，是使用者需求較易變動的系統，將管線配置明管化有利於維修與更換調整。如將生命週期短的管線放在生命週期長的牆面裡，管線不易修繕或更換，導致漏水便會縮短牆面壽命。由於效能會隨時間改變，若採行服務化的商業模式，可保持使用高品質的設備。
- **隔間裝修系統：**內牆、隔間、天花板、地坪裝修等與使用者最相關的層次，生命週期約十年到二十年。常因使用者需求變動而調整，採用模組化的建材，增加可變動性，也保有再使用的機會。
- **家具設備：**家具、照明、家電、廚房設備等可移動的物件，一般來說，生命週期較短，可透過採用產品服務化的商業模式，享有高品質的設備且不

圖 31：落實建築各層次的循環策略，讓建築物像有機體般生長

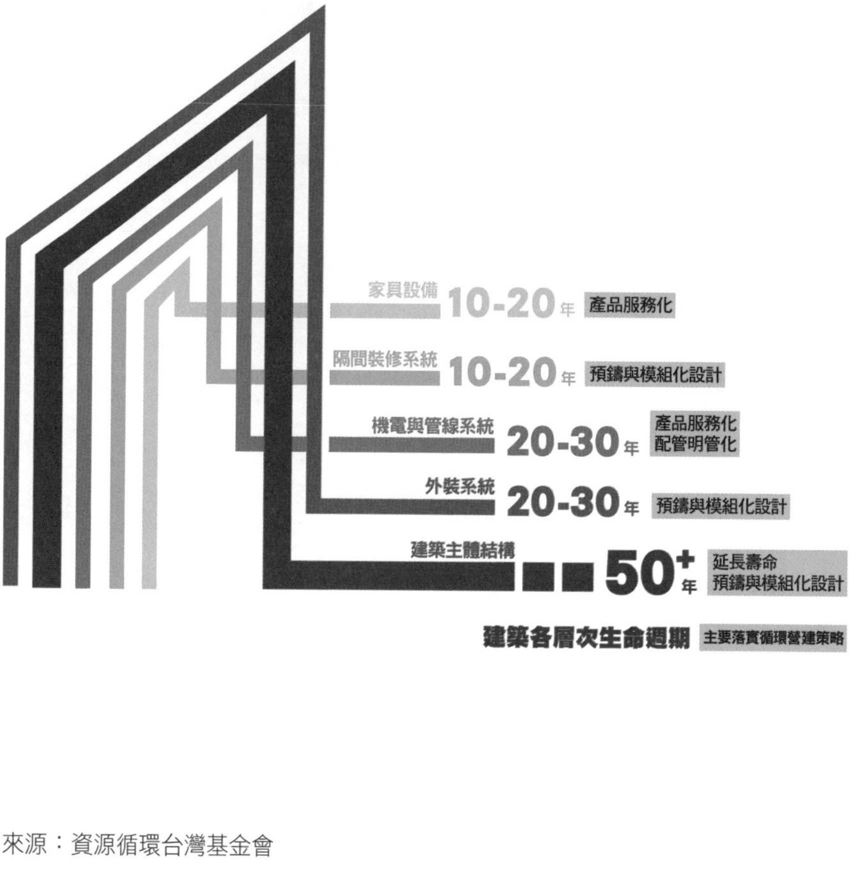

來源：資源循環台灣基金會

需擔負維修責任。

在《循環經濟》[45]一書介紹的荷蘭 Park 2020 商業園區，便是以有機體般可以重組和重建思維打造園區內的建築。

由於需求的快速改變，現在的商辦未來可能更適合改建為旅館，或隨著未來進駐公司的不同需求而改建。這可以透過供應鏈的合作來實現，例如由建商和營造商向建材供應商採購服務，建材供應商以減少傷害材料的方式，進行建材模組化設計，交由建商和營造商組裝為建築物。租約到期後，建材供應商可將自己擁有的資產取回，再租給下一個客戶；建商則省下大筆資金，轉向投資在更好的物業管理，商辦住戶支付的租金，便共同分潤給建商、營造商、建材供應商，成了一石三鳥的新商業模式。

從建材到營造都循環

面對氣候變遷，企業逐漸正視減碳的共同責任，營建產業有許多減碳空間，從設計規劃、室內裝潢、到建築翻新，而**材料的選擇**是第一步。

台灣的營建業長期依賴鋼筋混凝土（RC），每年消耗超過一千萬噸水泥[46]。

然而水泥及鋼鐵皆是高碳排的產業，因應未來的環境趨勢，我們應該重新思考整個建材產業的未來。水泥業除了正努力**增加原料替代率外**，像歐洲也已在大力發展**回收水泥的技術**，大幅減少原物料的使用。

除此之外，由於營建技術的發展，已有許多**低碳的建材**可供選擇。例如選用來自在地人工林的國產材，木材的生長過程中吸收二氧化碳，更能減少因進口運送產生的碳排放；其他如竹材、甚至蕈類做成的建材都有許多創新的研發。**再生綠建材**的選擇眾多，如以回收玻璃製成的發泡輕質磚，或以石材邊材製成的建材，需要有更多設計師及建築師投入，以創新的角度賦予再生建材的新生。

施工過程之中，如何**優化不同生命週期的設備**也是循環建築一環。

豐譽集團從工地開始，以零廢棄為目標，先從立即產生的廢棄物源頭減量。將施工所需的臨時鋪面分級處理，使用期短的以租用鋼板取代混凝土，需使用混凝土鋪面處則儘量與永久性鋪面結合，讓它不再成為廢棄物；工地臨時辦公室貼

45 黃育徵，《循環經濟》，二〇一七，天下雜誌出版
46 中華徵信所，《台灣五〇產業地圖》，二〇一九

上了「流浪履歷」，讓租賃或既有的組合式貨櫃、廁所到不同的工地巡迴演出；營建大量使用的木模板，則改為可循環使用超過一百次的系統模板，因系統模板的精細度，直接減少牆壁的粉刷需求，豐譽以系統模板取代一〇％總模板使用量，導入後除了減少廢棄模板，也減少一千立方公尺的河砂及五百公噸的水泥使用量。

循環建築的關鍵，除了盡量使用再生建材或減少廢棄物的產出，更以「高價值循環」的精神規劃資源循環的路徑，**讓這個彈性的有機體，無論是生命週期達百年的結構，或是幾年至幾十年的家具，都做最聰明的配置，讓最終的產品表現與資源耗用「脫鉤」**。

第二節　創造數位分身，每一份建材都是資產

正因建築物這個有機體的複雜度高，將它的部件好好記錄下來，資訊透明化便極為重要。

數位分身，讓建材的身分透明

營建業發展多年的**建築資訊模型技術**（Building Information Modeling，ＢＩＭ）能夠為建築物建立完整的材料護照，讓每一份建材的履歷與狀態被清楚定位，成為這棟建築物的數位分身。

我們就可以**將建築物視為建材暫時存放處**，當建築物達成任務後，能夠把建材歸還或提供下一棟建築物使用，如同一個「建材銀行」。

荷蘭 Madaster 建材循環平台與台灣營建研究院正在發展的循環營建材料履歷資訊平台，**透過保存建築的數位分身，讓建材的履歷透明**，物料循環比例、循環度的計算與財務資訊皆可透過平台取得，這將有利於營建產業未來能活用資訊並規劃出更適宜的建築方案。

台糖沙崙循環住宅與台北市南港機廠循環公宅皆已應用ＢＩＭ技術，產生出數位分身來與負責營建不同階段的團隊溝通。創造出數位分身便能應用更多資通訊技術，讓建築團隊模擬基地環境條件與建築設計的適宜性。

由台達電文教基金會與國際氣候發展智庫、中央氣象局和財團法人台灣建築中心共同開發的「Green BIM 微氣候資料平台」，連結日照、氣溫、風向等氣候資訊，讓建築團隊能夠善用大自然的資源，減少不必要的能源或資源耗用。

時間軸拉長，建材銀行的效益可觀

二〇一八年荷蘭在台辦事處為了實驗循環建築的可能性，與台灣及荷蘭的產、官、學、研，來自各領域三十組以上夥伴，用十八個月的時間建蓋並拆除了臺中花博荷蘭國家館。

以零廢棄、全循環為目標，運用ＢＩＭ為荷蘭館建立數位分身，將材料履歷記錄下來；結構、牆面、地板等建材皆用鎖固方式組合；向台糖借來舊木料，翻新再製成為拉門、地板；並結合古時智慧，以木榫接頭結合廢鐵做成了大木桌椅；落實服務型的採購，設備、能源系統、建材，甚至連山櫻花和植栽都是採購服務。當物品的擁有權回歸至生產者，為了讓物品在展期結束後，保有良好的品質，生產方便會定期到園區維護自家產品，在現場經理的照片記錄中，也時常看見廠商到園區巡檢的身影。

正因為荷蘭館顛覆了過去的營建程序，設計與拆除一併討論，中止過去建築拆除便成廢棄物的命運，拆遷後的建材成為台糖月眉循環設計園區兩棟建物的材料。建築師利用荷蘭館建置的數位分身設計規劃，讓建材像變形金剛一般在月眉園區重生（圖32）。

完成任務的建築物，在還未循環到下一個生命前，需要有妥善存放的倉庫及良好的媒合系統。

台南文資建材銀行收集萬件以上的老建材，提供歷史建築的拆除與修復建議，讓建築被妥善的拆解與組合。計畫主持人陳正哲博士如此說：「良好的拆解才能得到高的再使用率。銀行不能只有存款，沒有流通，建材銀行也是如此。」舉例來說，隆田車站倉庫經由妥善拆除後，建材現已在五個案場使用，整體達到九二％的再使用率。

若建築物能夠從設計開始，保持最大的彈性，並妥善拆除應用到下一棟建築，**每一份材料便不再是需要「折舊」的耗材，而能成為公司的「資產」，尤其在資源短缺的未來，資產更有機會升值**。

盧森堡的營造公司 Astron 曾與歐洲銀行合作估算線性與循環建築財務模型。一方面考量到未來自駕車普及後，停車空間需求可能因而改變；另一方面，歐盟日益嚴格的減碳目標與原物料的取得，已成企業線性營運的風險。

圖 32：循環設計讓荷蘭館的材料成為月眉循環園區共享廣場的建材

資料來源：(上) 荷蘭在台辦事處、(下) 台灣糖業股份有限公司
資料整理與製圖：資源循環台灣基金會

以一棟三層樓、五百八十個車位的停車場為例，在線性模式中，現地灌漿的濕式工法最為方便，使用之後卻只能以破壞性拆除，將營建廢棄物降級取得八．三％的價值回收；而循環建築，用模組化預鑄的乾式工法建蓋，除原有的材料成本外，需加上妥善拆除以及拆除後的倉儲等成本，造價雖高但材料皆可再循環使用至下一棟建築，價值回收高達七三％[47]。

時間軸拉長來看，企業既掌握資產又取得高投資報酬，並且降低原生材料開採及風險與製造新建材的能資源耗用，以更高的彈性因應社會的進化，循環建築是個「好主意也是好生意」。

曾聽台糖負責沙崙循環住宅的同仁說，來自建築背景的他，也經手過不少綠建築或永續建築，初認識循環建築之時曾懷疑不過是「新瓶裝舊酒」，卻在實踐過程中，深刻體驗到須從商業模式著手，才能真正地、長遠地驅動永續循環。

然而目前的會計準則對於循環建築殘值認定仍是依循線性模式「折舊」，加上營造過程需前期投入的成本，致使廠商無法取得有利的借貸條件或投資資金。

47 歐洲投資銀行與 Astron Group，二〇一七

金融及會計體系的參與，是循環營建是否可以發展的關鍵；相關建材後續應用的強度，也需要更多試驗以及驗證的系統加入。

第三節　養分流循環，分毫不浪費

當我們進一步思考建築物這個「有機體」，以「耐久的產品」的思維規劃建材的高價值循環，同時進一步使用「流動的產品」的思維，考量養分的在地循環。**能源與水資源**堪稱運行所需要最重要的養分，尤其建築物的生命旅程中最耗能的正是在「使用」階段，若能妥善規劃，可以大幅減少環境衝擊。

能源與水，自給自足的循環

沙崙循環住宅聚落是台糖以「零廢棄、零排放、零事故」的三零原則規劃，藉以帶動台灣營建業的重大計畫。

除了導入預鑄、模組化設計外，大幅採用服務化商業模式，讓服務提供者為居住者守護居住空間的品質，以降低設備缺乏保養而造成建築使用過程中的大量能資源耗用。

雨水與中水回收後，每年約節省一萬噸水，灌溉園區內的農田與魚菜共生系統。透過園區內回收廚餘堆肥，取代購買肥料，成為蔬果的養分，一年預計產出約三噸左右的蔬果；同時採用屋頂太陽能創造再生能源，並且回收空調產生的廢熱來加溫熱水，創能、節能同時並進，預計約節省二十一萬度電力使用，形成社區中自給自足的能量循環[48]（圖33）。

延壽建築，節能翻修產業化

然而，新建的建築容易從頭規劃，台灣卻仍有數量龐大的建築步入高齡。這些屋齡老的建築，並未針對節能及碳排有完善規劃，往往成為減碳的缺口。

根據內政部二〇一七年統計，全台二一％以上建築屋齡超過四十年，更還有八十幾萬戶未有效使用的建築。與其拆除重建，產生廢棄物更耗用資源，若能仔細予以評估「延壽建築」，將外裝、隔間裝修及機電與管線系統重新配置，能在

48 台糖循環聚落，taisugarcircularvillage.com

圖 33：以沙崙循環住宅聚落帶動台灣營建業升級

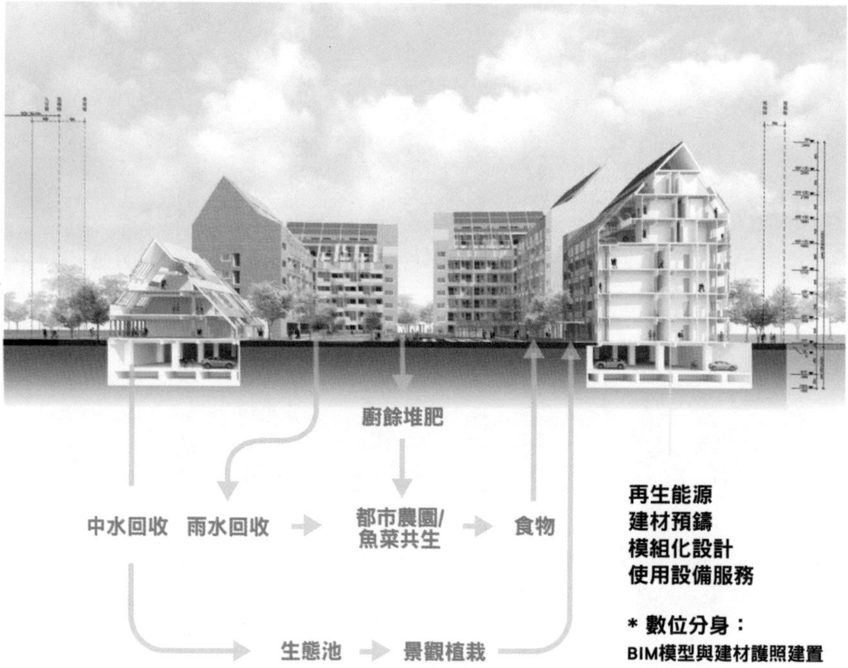

資料來源：台灣糖業股份有限公司
資料整理與製圖：資源循環台灣基金會

耗用最少能源與資源之下滿足更好的居住空間需求，更能打造在地的產業，提升在地的就業機會。

對於企業來說，建築翻修不僅可為品牌帶來新氣象，也可達到減碳效益。台達電的內湖瑞光總部大樓翻新後，整體能源耗用降低五〇％；他們也與國立海洋科技博物館合作運用微氣候資料，調整冰水主機的開啟時間。僅此簡單一舉，便為海科館省下一〇％夏季尖峰時段用電量；第六章提到的地球公民基金會案例，也是利用節能翻修，讓整體耗電量只有其他同坪數辦公室的五分之一。

除了建築物外，公共工程在國際間正在討論，如何透過產品服務化的商業模式，提升營建工程品質、達到資源與能源降低耗用？道路即服務（Road-as-a-Service）[49]、橋樑即服務（Bridge-as-a-Service）[50]，為服務型公共工程提出前所未見的想像。以慣行的採購產品方式，橋樑、馬路在鋪設用料、設計與使用效率便難以突破，若改以用路車次／人次使用量計價、效能表現與風險分攤模式計價等

49 Coalition Circular Accounting, *Pursuing Financial Reality of the Circular* Road, 2020
50 PACE, *Circular Infrastructure Business Models Report*, 2020

方式採購服務，公共工程的各方利害關係人的利益便與品質成正相關，獲利模式不再與資源耗用掛鉤。

為達全球二〇五〇碳中和承諾，落實循環建築將有效減少能源與資源的耗用，可從老建築的節能翻新開始，延長建築物壽命；新建築則需以建材再使用為目標，善用資通訊技術，建立數位分身，以終為始地為未來做準備；同時加以規劃水資源、能源與食物在社區內自給自足的循環契機。營建產業能夠進到生老不息的循環，讓建設成為真實的驕傲。

第九章　循環紡織，主動出擊，找尋新契機

「一個人做夢，就只是夢想；一群人做夢，就會開啟新的現實。」

——佛登斯列．百水（Friedensreich Hundertwasser），奧地利藝術家

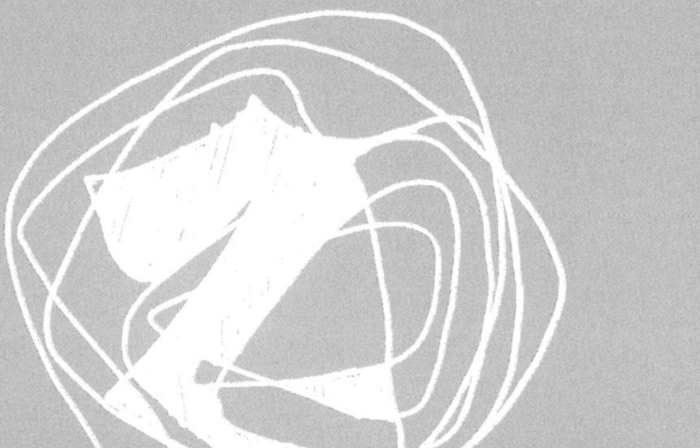

一件衣服的誕生，幾乎是個環遊世界的旅程。取得印度、中國、美國等國種植的棉、麻等生物纖維，或從沙烏地阿拉伯、美國、俄羅斯等國進口石油再提煉纖維，接續著紡紗、織造、染整、製衣、包裝，最終運送到終端市場的各大通路，再送到消費者手上，每一個過程都伴隨著能、資源的使用。每公斤的棉花需要兩萬公升的水來灌溉，大約等於一個人十一年的飲水量；染整過程使用的化學藥劑也讓紡織業成為僅次於石油業的全球第二大污染源；而整個紡織產業每年排放十二億噸的溫室氣體，比整個航空業加海運業還多[51]（圖34）。

不只是環遊世界，它還是個「線性的旅程」。時尚界幾個快時尚品牌的崛起，發展出刺激消費的策略，從過去的春夏、秋冬兩大季節，加速到隔週就有新款式上架的快時尚文化，誘惑消費者購買新衣。

二〇一七年哥本哈根時尚高峰會議中的時尚產業脈動報告指出，每年有九千兩百萬噸紡織品被丟棄，份量相當於每一秒鐘一台垃圾車倒出滿滿的紡織品[52]，其中八〇%未被回收或再利用，卻進到焚化場或掩埋，造成了每年一兆五千億台幣的損失。

圖 34： 高污染的全球紡織業

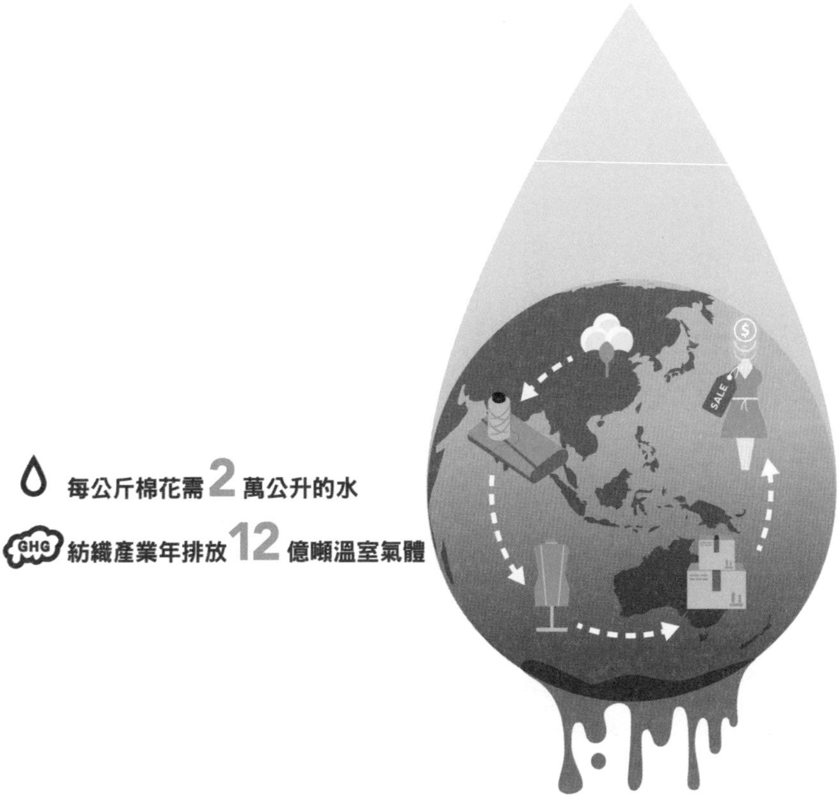
每公斤棉花需2萬公升的水
GHG
紡織產業年排放12億噸溫室氣體
SALE

來源：資源循環台灣基金會

在大自然之中，既輕又巧的蜘蛛絲，強度是鋼鐵的六倍，卻能在使用後回到自然再生；章魚能輕易地改變顏色，彷若換上不同斗篷，卻不需要使用多餘的資源。如果我們每一件衣服的設計，都能如大自然一般豐富多樣，在使用的過程能保持最高的價值，使用後**能成為下一件衣服的材料**，就有機會使全球成長的人口都能夠得到有品質、可負擔、甚至客製化的選擇，且不以消耗天然資源為代價。

紡織業所面臨的問題，正展現了無限的創新潛力。

落實循環紡織，我們可以從四大面向開始：一、以循環設計的原則重新設計衣物；二、製程副產品加值利用；三、透過商業模式與逆向物流，確保衣物能夠透過逆物流回到製程中被處理再生；四、提升處理再生的技術。

台灣紡織業在全球機能布料的領導地位，更有機會讓「台灣製造」步向「台灣循環」。

第一節　無限循環，衣服的重生之旅

近幾年來，流行紡織業者與消費者意識到了產業所帶來的負面影響，

H&M、ZARA、UNIQLO 等品牌紛紛在各家零售門市設立回收箱。

然而，回收之後的衣物，多少會製成下一件產品呢？

翻開我們手邊的衣物，往往成分來自於五〇％棉、二〇％麻、三〇％化學纖維，這樣的混紡產品雖能讓紡織品有著不同性能及表現，回收時卻成了大麻煩，需要耗費大量能資源重新將材料分開。

循環紡織的第一步，**需要重新設計可循環衣物，關鍵便在於材料選擇。而台灣的紡織產業，多年累積的研發及回收再製技術實力，正是最獨特的優勢。**

台灣獨特的優勢，回收再製的實力

一度因為產業外移而成為夕陽產業的台灣紡織業，九〇年代後期，開始專注研發機能布。時至今日，全球機能布料已有七〇％來自台灣。台灣成為時尚運動品牌、戶外運動品牌的最強隊友。

51 Ellen MacArthur Foundation, *A New Textile Economy*, 2017
52 European Parliament, *Environmental Impact of the Textile and Clothing Industry*, 2019

二〇一八年世界盃足球賽，半數的各國代表隊球員穿著由台灣製造、回收寶特瓶製成的再生聚酯纖維（rPET）所製成的球衣。各家媒體爭相報導，因為這讓台灣用不同的方式參與了這場賽事，同時也宣告了台灣紡織業躍升為高技術、高性能的供應商。

二〇一〇年 Nike 開始採用回收紗作為世足球衣材料；二〇一七年包括 H&M、GAP、IKEA 等多個品牌商承諾增加二五%的回收紗；從 Prada 使用回收漁網製成的尼龍布料，到 Adidas 宣布於二〇二四年全面使用再生聚酯纖維，時尚界採用再生二次料的承諾正在加速落實，讓回收紗的價格從多年前的昂貴萬分降到現與原生料價格所差無幾。

台灣每年消耗五十四億支保特瓶。消費者可能一分鐘就喝完保特瓶水，廢棄保特瓶卻成了百年不化的垃圾。在這個不完美的系統仍然存在時，保特瓶再製成的回收紗，至少挽救了這些線性旅程中的能、資源消耗，相較於使用原生材料，約可減少八四%能源消耗與七七%二氧化碳排放量[53]，還可直接減少開採階段的環境成本。這也讓台灣從一個沒有石化原料的國家，每年減少了十萬噸的原料進口。

產品重新設計，循環國家隊整備中

循環衣物的設計，應依循「流動的產品」與「耐久的產品」原則分開規劃。前者以棉、麻為主，而其他生質材料的開發也有許多空間。例如，以果皮製成的皮革、農業副產物等製成的纖維材料，因為環境衝擊低，是全球品牌極力研發的新領域。台灣可善用對紡織技術的專業，將過去被錯置的農業資源高值化利用，成為利基市場的領導者，讓全球的農業副產物問題成為新契機[54]。

「耐久的產品」則是台灣廠商專長的機能衣物，目的是讓珍貴石化原料提煉而成的人造纖維，能長長久久地被使用。

紡織品更能從許多仿生的概念汲取節省能、資源的靈感。例如，日本的帝人纖維公司模擬蝴蝶翅膀的原理，製造了光顯色纖維「Morphotex」，讓布料不須經過造成污染的染整過程，以不同的厚度與結構的排列方式，就能夠反射出特定的顏色。

---

53 中技社，《循環經濟系列叢書——第三冊資源及產品循環應用技術》，二〇一八

54 Metabolic, *The Circular Vision for the Taiwanese Textiles Sector*, 2019

不少台灣的紡織業者，看到了循環紡織的商機。不安於只是使用回收材料，著手主動出擊，組織供應鏈的夥伴，透過創新塗料和膠合技術的開發，設計出**簡化材質、易於循環的衣物**。

雄材大智與挑品等公司組成了rPET聯盟，正積極與夥伴開發從拉鍊、布料、到鈕扣，全都是由PET材質製成的衣物。

紡織產業綜合研究所（下稱紡研所）與BMI·方略公司辦理的跨領域共創實驗室，邀請在紡織產業鏈裡的利害關係人，組成尼龍隊、聚酯隊和羽絨隊的循環聯盟。他們模擬循環紡織的可能策略，盤點現有回收再利用流程，試驗封閉循環的可能性。

有別於往常被動的防守，台灣紡織業主動提出問題、大膽假設，並著手測試。儘管背後代表著不同的企業觀點，大家卻有一樣的共識：建立共同尋找新契機的循環國家隊。

布盡其用，副產品媒合平台

品牌對於顏色或功能性的要求，使得供應鏈在滿足品牌需求的過程中，同時也創造了大量的庫存布。這些副產品、閒置的布料也是一種資源的浪費。由於生產機器的最小基本量，一個項目就打幾百碼布，再新增其他功能特性，就是另外幾百碼布；染色過程也因品牌對於顏色色差的容忍度低，顏色不對便要用新布重新染色，造成大量浪費。

曾經聽一位紡織業者說道：「客人常打著環保的口號要我們開發新布，林林總總下來開發的很多，真正用的很少，這樣可以說是環保嗎？」品牌的綠色投資變成供應商的庫存，這可以說是台灣紡織業非常「特殊」的困擾。

國際上已有許多如 Textile Exchange 這樣的平台機制，試圖媒合品牌、供應商、零售商，不但能避免剩餘布料降級回收，也創造了新的商業模式。

對買方來說，掌握布料來源的權利不再被小數量購買限制，平台提供了透明的供應商資訊以及材料履歷。

對賣方而言，直接與設計師對接也助於未來新布料的發想。紡研所成立了紡織品資源循環服務平台，將台灣廠商的庫存布料與歐洲獨立設計師媒合，除了減少生產過程的浪費，也能使更多優秀的設計師接觸到台灣的優質機能布料。

台南企業也看到了這樣的契機，建立布料銀行，讓學生也有機會使用國際品牌的餘布、學習材料履歷的重要；並結合教育行動專車，走進校園、博物館、社區，用在地的力量傳播共享價值與綠色永續能量。

商業模式驅動逆向物流

Adidas 推出的 Loop 球鞋前導測試計畫，將球鞋從產品變成服務，更以全循環為目標，將材料與設計簡化，製成易回收再利用的球鞋。第一代球鞋加上專屬的編碼，讓材料旅程被記錄下來，並藉以調整逆物流與後勤的配套措施，作為未來推出球鞋服務的基礎資料。未來消費者定期支付固定金額，只要將不敷使用的球鞋寄回，材料便會成為下一雙鞋的材料，再也不用煩惱鞋子的丟棄問題。這樣的商業模式，需要更多供應商的參與，這也是擁有回收再製技術的台灣廠商的獨特機會。

學校與企業制服的使用者與時更迭，階段性任務完成後，衣物經常成為廢棄物。新光紡織因此發展無限衣的團服方案，除了材料採用再生料外，更透過保證回收的機制，讓衣物的使用者變動率不成為公司或學校的負擔，衣服回到新光紡織再製成下一件制服。

不只是大品牌，愈來愈多新創公司，看見了循環衣物、鞋履的商機。台灣公司看到了新契機，對產品特性的了解、回收再製技術的專業且離供應鏈近，因此他們從鞋履的設計開始將材料簡化，未來並規劃推出鞋履服務，未來客戶寄回的每一雙鞋都會成為下一雙鞋的材料。

衣物重生，升級再生

循環紡織最後一個關卡便是處理再生，也有品牌將少量產品升級再製為獨特的創作（Upcycle）；當技術尚未達到同級再生的品質前，降級再生（Downcycle）為價值較低的產品或材料，也能適度延長資源的使用週期。

目前以物理回收的方式處理舊衣，尤其是混紡製成的衣物，絞碎再重新抽絲會將降低品質，需加入原生材料來強化物性。目前全球有非常多研發的努力，試圖克服這最後一哩路。例如**化學回收法**能將聚合物解鏈後重新聚合，可以突破物性降低的限制。在這之前，我們也看到許多新創公司，用他們的創意來找出新出路。這些也許不是最完美的解法，但是若不在過程之中不斷的嘗試與突破，又如何能找出新路？

Story Wear 的每一件衣物都來自回收的丹寧衣物，採用升級再製方式製作單一尺寸的故事衣，上市一年便再造了逾三千件廢棄牛仔褲。雄材大智跟小智研發聯手推出衣織翻轉家具計畫，將舊衣加上回收塑膠製成堅固耐用的桌椅，當這些桌椅走到使用的盡頭，還可以再製成為下一套桌椅，讓紡織品在另一個產業封閉循環。

全台每年丟棄約一千萬雙鞋。Mijily 公司為了不讓品牌創造垃圾，便在鞋履設計時，採用全 EVA 材料，消費者寄回不敷使用的鞋履後，Mijily 公司會將之再製成花盆，寄回給消費者，延續材料的生命。

第二節　台灣循環：獨一無二的品牌故事

台灣紡織業多年累積的處理再生技術實力，成為品牌端在環境輿論壓力下轉型永續時尚的及時雨，再生紗也成了和友紡織卓欽倫副總口中的「神主牌」。然而，即使在技術上推陳出新、在製程與永續認證努力開拓一片天，以價格取勝的市場機制，發球權還是掌握在品牌端手上。客戶為了價錢，仍可能毫不留情地轉單。

因應這股永續流行及循環紡織的趨勢，我們不妨反思，我們要繼續被品牌的需求追著走，還是成為紡織業典範轉移中不可或缺的夥伴？我們要選擇被改變，還是一起主動參與這個改變？

口罩國家隊二．〇，獨步全球的封閉循環創新服務

前陣子遇到英國辦事處的舊識，她憂心忡忡的在會議結束後把我留下。原來熱愛潛水的她，今年無論到台灣的哪個海域潛水，都看到口罩的蹤跡。

疫情爆發時，我們快速的組成口罩國家隊，在各國沒有口罩防護的恐慌中，我們做到人人有口罩，甚至口罩外交，是公私協力創造出來的台灣奇蹟。然而，再往深一層思考，台灣奇蹟還可以精進到開創新的服務型商業模式，將口罩的物質循環封閉起來。

如果確保人人有口罩的國家隊是一．〇，循環經濟可以讓口罩國家隊升級到二．〇。台灣完善的健保制度，建立了良好的資訊基礎建設，運用台灣紡織業的先進技術，重新設計可重覆使用且高防護效果的口罩，結合健保資訊系統發展出

口罩服務的創新商業模式民眾一個月省下兩杯珍奶的錢，口罩國家隊就可以做到獨步全球的封閉循環創新服務，不僅人民健康受到保障、地球也不會受到二次污染。

成為二次料的全球市場領導者

台灣叢爾小島，卻有超過四千二百家以上的紡織業者[55]。行之有年的保特瓶回收機制，細緻地分選分類、回收瓶潔淨度高，讓紡織業能製作高品質再生紗；並且以此厚實基礎，持續提升處理再生的技術。紡織業界的先進這麼跟我說：「歐洲的循環供應鏈還不完整，沒有像是清洗分選分類、造粒抽絲或紡紗的工廠，而這些正是台灣的強項。」

二〇一八年，台灣已有八〇%的回收保特瓶成為紡織業的原料，卻因回收的瓶量不足以滿足品牌對再生布料的需求量，因此仍需使用石化原料。

我們應該善用本身的長處，打造台灣獨特的競爭力。甚至可以進一步與其他國家合作，**設定資源回收的分類規格與標準，讓他國無法運用的資源流通到台灣成為二次料，再製成他國可使用的產品，開啟循環合作的第一步。**

如果我們改變思維，將廢棄物視為錯置的資源，主動要求或協助其他國家做到乾淨分類的保特瓶磚，用以取代進口石化原料，循環經濟顧問公司 Metabolic 認為台灣有機會在**十年內成為一〇〇%採用二次料的全球市場領導者**。

除了繼續開發單一材質、易於循環的衣物，因機能需求而生的混紡材料上仍不可避免的存在，台灣可將多年研發可回收布料的經驗應用在混紡材料；，如果持續研發，二〇四〇年有機會能宣告所有紡織品皆是一〇〇%可回收產品[56]。

材料履歷，永續時尚的保證

自從二〇一三年孟加拉成衣廠倒塌，時尚業的供應鏈透明化開始受到重視。Fashion Revolution 更對全球二五〇個品牌做出調查，針對環境、社會、經濟面向的關鍵指標發表了時尚透明度指數，以促成更完善的資訊揭露。

要做到透明化，首先**供應鏈要提得出材料溯源資訊**。當品牌商採購高品質的

55 紡拓會，《二〇一九年臺灣紡織工業概況》，二〇二〇

56 Metabolic, *The Circular Vision for the Taiwanese Textiles Sector*, 2019

回收紗，要知道保特瓶從哪裡來的？怎麼清洗與製造？能夠溯源與驗證的機制，便是讓從瓶到紗的履歷透明化必要條件，藉此提升供應鏈的可信度。以全球回收標準（Global Recycle Standard，GRS）為例，申請者的所有上游供應商都需具有該認證證書。

也就是說，無論在製程的哪個階段，必須建置材料履歷並透過國際認證機制確認，才能拿到永續時尚的保證書。海洋廢棄物再生後也能透過 Ocean Bound Plastic 認證塑料來源，讓過去是負擔的海洋廢棄物成為有價材料。

再者，**結合台灣資通科技的能量**，以無線射頻辨識系統（Radio-Frequency Identification，RFID）及其他技術**追蹤衣物的流向**。例如，德國電商 Zalando 與 Circular.Fashion 合作打造 Circular ID，像是一個縫在服飾上的循環身分證，提供品牌設計師、消費者，以及循環供應鏈得到有助於讓這件產品回到循環系統的資訊。

「台灣循環」：說循環紡織的故事，合作取得主導權

然而，做到溯源只是第一步。台灣的紡織產業，更要**說循環紡織的故事**。

澳洲羊毛權威美麗諾，以羊毛牧場和牧民呈現品牌故事，強化美麗諾羊奔跑於遼闊的草原上、及如何將純淨天然的羊毛資源轉化為衣著的形象，輕鬆地帶出了美麗諾的永續經營方針，包括可分解原料、供應鏈透明化、搖籃到搖籃等。台灣紡織業在二次料的投入，就像美麗諾羊毛的用心，透過科技的輔助讓材料履歷透明，寶特瓶、海廢漁網在供應鏈裡再生成為材料、再製成衣物，便能為台灣紡織業說出獨一無二的故事。

這故事不只是談台灣製造的用心，還能夠打造獨步全球的台灣循環紡織品牌。從製造導向邁向故事力的行銷導向，就算是製造業也能強化技術品牌。如果說電腦貼有 Intel Inside 貼紙是 CPU 處理速度的保證，紡織品打上「台灣循環 Circulate Taiwan Inside」則是對永續時尚的保證。**有形的循環產品加上無形的循環故事價值，可以讓台灣成為全球致力永續的時尚品牌，優先合作的夥伴**。

台灣紡織具有充足的研發經驗。若要跳脫 OEM 的製造困境——高產量、低獲利的模式，轉為長期、持續性的提供產品服務，需要更進一步的**以「知識流」的力量來牽引「物質流」**。

有形的供應鏈將可循環布料製成可循環產品，強調的是對物質流的管理；而無形的供應鏈則串聯產品設計、材料品牌故事行銷、材料溯源資訊、數據應用、以及管理逆向製程及物流的知識。

如此一來，才能創造新的商業模式、新價值，提供更全方位的循環服務給現在和未來客戶。例如鎰呈行公司承諾二〇三〇年達碳中和目標，在有形的產品材料上，採生質與化纖兩軸線並進研發。他們更改變以往被動被要求的角色，主動與品牌夥伴共同開發可循環的布料與服務型商業模式，確保衣物能夠回到製程中再生。

紡織產業鏈的循環合作，以封閉循環為目標，產品重新設計、材料研發為主要策略，應用創新的服務型商業模式將紡織品取回，促進衣服或紡織原料在業界被循環運用的合作模式。

對於循環經濟的實踐，品牌還在摸索中，而台灣紡織業者已經看到超越供應商角色的可能性，主動出擊，讓循環紡織成為台灣紡織業取得市場發言權的基礎，從「台灣製造」到「台灣循環 Circulate Taiwan Inside」的品牌實力，建立更具韌性的循環模式（圖35）。

圖 35：結合物質流與知識流，創造具韌性的台灣紡織價值鏈

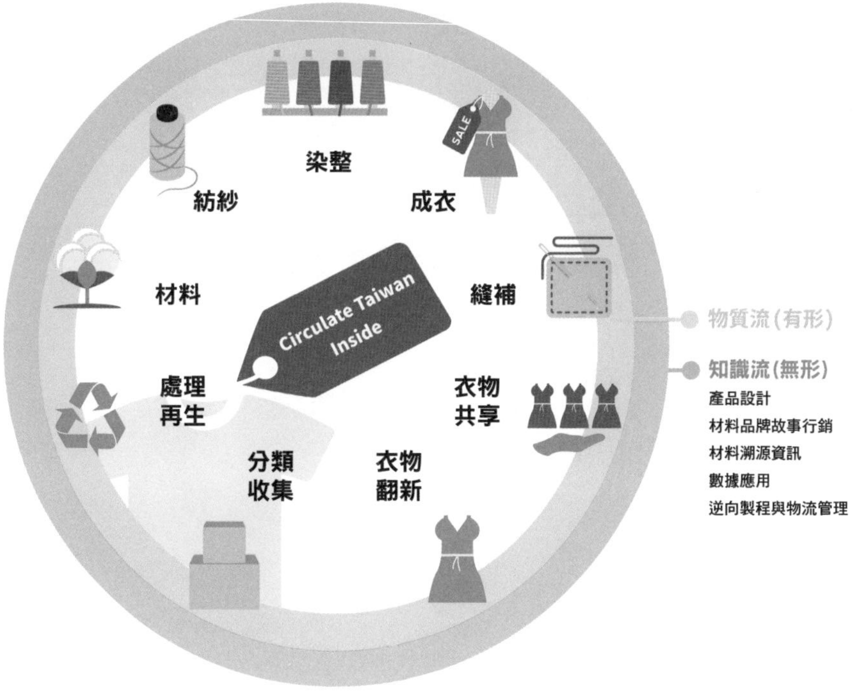

來源：資源循環台灣基金會

第十章　循環台灣，全面啟動

「擺脫過去、大膽想像未來，不只是『台灣可以幫忙（Taiwan can HELP）』，這次讓我們走在世界前面，驕傲地說『台灣可以領路（Taiwan can LEAD）！』」

——黃育徵，循環台灣基金會董事長

「循環台灣二〇四〇」是我最近幾年演講的主題，為什麼是二十年，不是兩年、五年或十年呢？

主觀上，經驗告訴我，凡事只要把時間拉長、拉遠，沒有做不到的事情。正向的思維和態度是一個良性循環的開始，有益於創新，以及凝聚社會和國家發展的共識！相反地，如果我們過於短視，我們聽到的會盡是「不可行、不可為」的聲音，我們可能會因此陷入本位、內耗的泥沼中，導致整個社會不停地和老舊經驗糾纏、奮戰。

我認為：「不是路走到盡頭，而是該轉彎的時候了！」美中貿易談判、台商回流、新冠肺炎牽動國際供應鏈重新布局的動能，是一次台灣產業可以確確實實「轉型」的大好時機。加上現在的台灣擁有更年輕、更多元的人才、資金和嘗試新商業模式的空間；讓台灣企業能夠重新設計和規劃符合未來二十年生活需求的經濟模式。「天時地利人和」的轉型機會，我們不要浪費了！

第一節　重新定位台灣的競爭力，打造下一世代的產業

有一句話，道盡了台灣在產品設計、製造的廣度和深度「只要你想像的到的東西，台灣都可以做得出來！」，速度快、彈性高、產品好、價格又實惠，是台灣製造給人的印象，也是台灣製造業在國際上占有一席之地的優勢，但缺乏原物料和市場的大環境，讓台灣製造業的發展落入價格的苦戰。

小國之道，找到自己的優勢

該如何走出一條不一樣的路呢？以丹麥、瑞士，以及南半球紐西蘭三個國家為例，這些國家和台灣一樣都是小國，同屬於天然資源短缺的國家，既沒有大型的石化產業，重工業的投資也有限。即便如此，他們的經濟成長並沒有因而萎靡不振，反而擁有傲人的生活環境和品質。

「面對像德國這樣的大鄰居，丹麥的生存策略，就是我們不能一味地和他們從事一樣的事！不然會失去自己，危機重重！」這是十幾年前我參訪丹麥時，和當地一家國際知名工程顧問公司的執行長共進午餐的對話。當中也聊到了台灣和

丹麥兩小國的困境。這幾個國家跟台灣一樣，都面臨來自鄰近大國的壓力，卻仍舊能處之泰然與之和平共處的原因，來自於找到了自己的「優勢」，並將優勢發揮到淋漓盡致。

他的話有如暮鼓晨鐘敲醒了我，反觀自從中國開放以來，台灣的發展路線正好相反。部分台灣業者缺乏危機意識，不但沒有和中國業者做區隔，反倒投入類似的低價競爭模式。大到石化、太陽能板等產業，小至家電OEM產業，多少台灣企業在這較勁中淪為受害者？

台灣需要重新認識自己，找出優勢，放眼看看還有哪些比中國更適合我們與之合作，能帶動良性競爭的國家，才有機會發揮台灣的長才。

產業升級轉型過程固然艱辛，但若停滯在線性經濟模式下，面臨更多新興國家崛起，台灣企業經營處境將更為艱難。

為了下一代，現在正需要「重新啟動」新的經濟模式。企業未來發展的契機，不能僅靠找尋「降低成本」的機會，更要有**投資未來的思維**；製造業的升級之外，同時**發展服務化**、**資訊化**、**知識化的商業模式**。這將為企業帶來更廣闊的發展空間，可以在既有的營運範圍之外，找到在市場端、消費端有「加值服務」

的契機。

未來產業的收益來源，從物質流延伸到知識流

發展高品質、高價值的服務和產品並非新的想法。二十年前，施振榮先生便提出了「微笑曲線」的概念，鼓勵產業從附加價值低的組裝、製造，轉向高價值的技術、專利與品牌、服務。

然而，二十年後的今天，台灣成功轉型了嗎？許多企業深陷在代工製造的假象舒適圈中，跳脫不出依賴「五低」的心態。在不擁有龐大市場的前提之下，台灣企業由於長期的製造背景，更難了解複雜多變的市場趨勢，品牌與服務也難以差異化。

地小人稠、不具資源優勢的台灣，反而是創新服務的最佳測試市場。若能推動具前瞻性的「高值化、循環化」企業價值，發展高品質、高價值的服務和產品，必然能夠脫穎而出，成為在國際供應鏈中有領導力的角色。這才是我們該發揮實力、全力打拚的方向！其中重要的思維，**便是將收益模式從仰賴有形的「物質流」，逐漸延伸到無形的「知識流」**。

代工是典型以「物質流」——物質在產業系統中的流動——來創造及獲取價值的商業模式；即使有少量來自專利及技術的收益，大多數的獲利仍取決於「賣愈多，賺愈多，外部成本也愈多」的模式上。

相較之下，「知識流」商業模式，著重在以促成資源循環過程中所需要的知識作為收益來源。例如使用端趨勢、產品設計、故事行銷、資訊與數據應用、以及管理製程及物流的知識。

從台灣缺乏原物料和市場的客觀角度來看，未來二十年無論是「製造型」、「服務型」產業的發展，都應該要**增加來自知識流的獲益占比，減少對物質的依賴**。

長久來看，台灣的企業不論是高度仰賴有形產品的代工製造業者，或是無形勞力密集的服務型企業，都需要在既有的基礎上投資，延伸到「知識流」的資訊收集、分析和應用，加速並強化市場區隔，提升企業的競爭優勢和韌性。

換句話說，有系統地將循環經濟的三大策略應用在創造「知識流」，不但會為企業帶來多元的獲利，降低財務風險，也會提升企業和客戶之間的黏著度，降低企業的業務開發和行銷成本。

未來二十年，台灣傳統代工廠結合資通科技業者攜手合作，會是台灣經濟轉型的大趨勢。這也會是台灣製造業者反轉半世紀來代工宿命的新契機。

製造業結合資通訊科技，如虎添翼

過去資通訊科技不像現在進步，物質流的資訊在線性經濟中是斷裂、不流通的，因此企業不易促成資源循環或更有效的分配。但是現在物聯網、區塊鏈等資通訊科技的發展，開啟了企業能夠去定位和追蹤物品或資源流向的時代。科技的突飛猛進，讓現在的企業比以往任何時刻，都更適合發展可讓資源循環運用的經濟模式。

資通訊科技產業，無庸置疑是台灣的關鍵產業。但是除了幾家業者尋求突破之外，絕大部份業者卻仍專注在資通訊產品的「製造」，這無疑是低估了台灣的優勢。

一個簡單的譬喻，現有的軟硬體資通訊科技是「工具箱」，如同人的手腳，但要有目的的行動就需要頭腦。循環經濟的內涵就代表了腦跟智慧的判斷，需要它來引導手和腳行動的方向。

換句話說，如果台灣的製造業能將他們累積幾十年的產業智慧和經驗，和資通訊科技業者做更緊密的結合，攜手規劃全面「循環化」，製造業來自知識流的獲益占比提高，資通訊科技業可以「看到新的方向，走出自己的路」。這對雙方都會是如虎添翼。

比方說，近幾年來已經看到太陽光電、建築營建、畜殖、家電等等產業，運用資通訊科技來貫穿設計、製造、維護和回收等階段，標示資源身分並追蹤流向，強化資訊的透明和流通。

在資源循環的過程中，許多循環材料由於品質及來源的不穩定，不但有溯源的需求，在媒合交易的過程之中更需克服信用風險。現在台灣已經在開發運用區塊鏈等資通科技的機制，建立循環材料的重要信用基礎。

我相信，循環經濟的相關應用會加速資通訊產業的轉型，讓業者在快速成長的數位經濟浪潮中，找到獨特的價值和自主性；相對的，資通訊也是貫穿製造型、服務型和知識型產業的關鍵，是台灣開啟下一個二十年的產業契機。

循環台灣二〇四〇，三大型產業的關鍵契機

二〇四〇年的製造型、服務型、知識型產業分別有哪些關鍵發展契機（圖36）呢？

製造型產業：

1. 開發催化劑，掌握新材料的研發：缺乏天然資源的台灣，適合發展關鍵性的在地、再生型材料，而台灣農林漁牧業產出的生物質正是發展高值新材料的最佳在地料源。材料高值化過程中需要催化劑來促進「轉化」。來自非生物性的催化劑稱為「觸媒」，生物性的則有「酵素（酶）」和「微生物」。曾經是台灣最具競爭力產業之一的石化產業，近年不斷面臨轉型壓力。它未來的發展契機可以從掌握「大宗材料的製造」到掌握「新材料的技術和知識」，大力開發化學製程所需的催化劑技術。除了既有的石油精煉技術外，更應注重以生物質為料源的生物精煉技術（詳見第四章）。仿生科技（Biomimicry）以生物三十八億年演化經驗為師，可提供許多新材料的研發靈感，比方從葉子的表面結構觀察防水、抗菌材料的物理結構設

計。

2. **產品再設計，強調耐用和模組化：**在未來服務化、智慧化的趨勢下，產品設計必須要超越既有的功能性和流行性。產品設計的新規格將更強調耐用以及模組化設計，增加維修和零組件再使用的彈性，並結合感測器，透過使用者習慣的大數據收集和分析，不斷優化產品功能和服務品質，提升企業競爭力。

3. **結合工業四．〇，發展「三零二高」的產品製造科技：**以零廢棄、零排放、零事故為目標，生產高品質、高價值的產品。結合資通訊科技的應用，提供客戶客製且即時的服務。此外，3D列印技術等「積層製造」應用[57]是重要的突破，一來大幅減少製程中的浪費，以更少的材料達到更好的效益；二來分散型的生產相較既有的集中型，更可以使得許多創意得以實踐；三來，當許多產品的零件以分散型的方式生產時，不須占有大量的庫存，也讓使用者更容易自行維修產品，甚至可以結合材料處理再生，使得資源的在地循環更容易發生。

4. **再製造延長產品壽命，繼續創造更多價值：**企業將製造的能力，延伸到

「價值留存程序」，不但可以開啟與顧客長久的關係，更有機會開創新市場。台灣在工具機、馬達、醫療儀器等產品都具有發展再製造的潛力，以優質的產品性能，打造台灣製造業獨特的優勢（詳見第四章）。

服務型產業：

1. 掌握使用端趨勢，提供服務化商業模式：追蹤B2B（Business to Business）和B2C（Business to Customer）市場的大趨勢，了解目標客戶的使用習慣等型態，是台灣產業能否跨出OEM代工舒適圈，踏入知識領域的關鍵。未來B2B市場，在科技快速進步和環保意識高漲的趨勢下，將採購更多高品質服務，以增加彈性及減少維護管理的煩惱。未來若能結合資通訊科技，在大數據協助下，更能準確預測產品需維護的時間

57 傳統製造方式是減法製造（Subtractive Manufacturing），從一大塊的原材料，經過各式各樣的加工切削後，成為所需要零組件，實際成品只使用到少部分的原材料；減法製造往往需要集中型的大量生產，才能降低成本。而積層製造稱為加法製造（Additive Manufacturing），運用數位模型技術，一層層堆疊出成品來，可大幅減少原材料的浪費，可以在工作室甚至是家中進行，屬於分散型的生產方式。

點，主動規劃遠端或就地的「預防性維修」，培養長期具信賴感的B2B或B2C客戶關係。而B2C市場主力客群將是消費模式傾向使用勝於擁有的「Z世代」，透過服務化商業模式能提供年輕世代所需要的彈性和個人化生活方式（詳見第五章）。

2. 價值留存程序及逆物流的管理：製造端與維修、再製造、處理再生的供應鏈整合是串起資源循環的最後一段路，必須和商業模式一起規劃，設計廠商能從使用者端取得產品或資材的方式，像是服務化、保證買回或提供回收獎勵金等方式。如何結合製程原物料與產品運送的物流，來降低逆向物流的人力、運輸成本，甚至是降低碳排放，都是服務型產業需要掌握的能力。

知識型產業：

1. 掌握六大關鍵契機，發展一站式解決方案：串聯上述製造型與服務型產業六大契機的應用，將材料、設計、製造、市場趨勢、商業模式、逆物流、媒合平台開發等知識整合起來，發展為「一站式解決方案」。更可開拓出

圖 36：二〇四〇年三大型產業的獲益來源占比

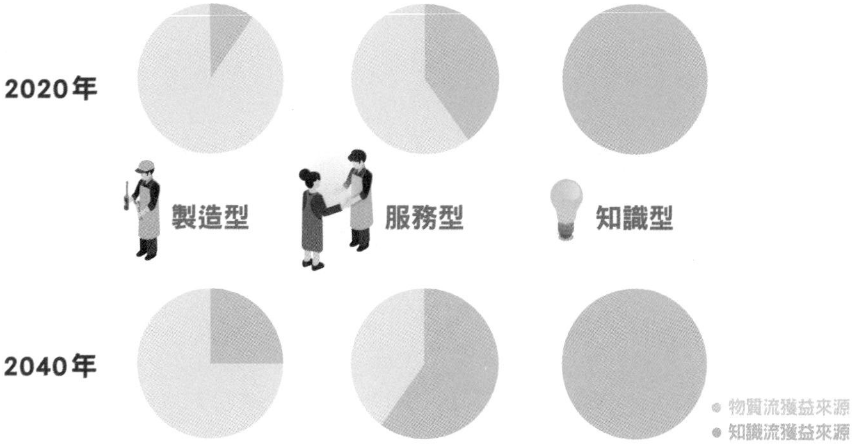

來源：資源循環台灣基金會

諮詢顧問服務、授權經營（Licensing）或知識產權（Intellectual Property）等各式收益流。

2. 培育人才，強化研究開發生態圈：台灣高素質的人才、發達的數位網絡、緊密的產學網絡、以及產業具彈性和速度的特質，可以成為全世界循環經濟研發的重地，甚至可以進一步成為世界培育循環經濟領域知識型、科技型人才的基地。

經貿發展，從線性買賣邁向循環合作

全球化浪潮推動國與國之間頻繁的貿易。二〇一九年，台灣貿易總值就有六千多億美元，這意味著我們進出口許多原物料、零組件和產品。然而，大多是一次性的買賣，在製造端及市場端，都衍生出許多問題。

製造端由於大量生產，面臨環境污染和勞工職安、合理報酬等議題；廠商面臨價格戰，必須壓低工資等生產成本，長期下來削弱研發創新能力，演變成惡性競爭。

其次是市場端的廢棄物處理問題，進口國由於沒有製造該產品的經驗，不瞭解產品的設計細節，用完後通常只能以掩埋、焚燒來處理，更糟的情況是隨意棄置。這尤其對發展中國家的人民和環境健康帶來嚴重威脅，長久下來造成多輸局面的侷限。

深入地來看，目前的全球貿易也是在「利益私有化、外部成本公有化」的思維下運作，如何化解這錯誤價值觀造成的問題，是各國共同的責任。

全球貿易下，沒有單獨一家廠商或是國家可以憑一己之力實踐循環經濟。台灣推動循環經濟必須同時從企業、產業和國家的層次來著手。

具體方向是讓企業間的貿易關係從「產品買賣」轉變為「服務往來」；讓不同產業的供應鏈關係，從單純買賣邁向以促成資源循環為目的的合作；讓國家間的貿易交流，透過產業鏈的擴大與合作，提供包含「產品＋服務＋回收」整套解決方案，促使資源在產業鏈中能被循環運用。也就是**將短期、一次性的買賣關係擴大為長期、緊密性的「循環合作」**。若能引領主要貿易國家共同合作，這個「雙贏」模式將會是台灣突破貿易障礙的契機！

具體作法可從既有國際會議的討論方式改變起，不再將經濟發展和環境保護視為個別議題分開討論，而是以循環合作為目的，展開「循環合作對話」，重新

圖 37：從線性、平行的經貿和環境對話，延伸到「循環合作」

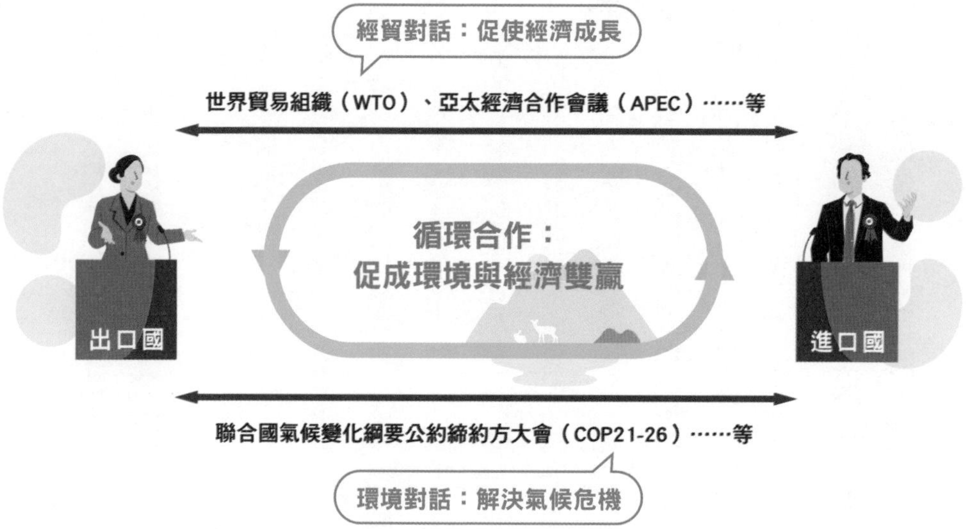

來源：資源循環台灣基金會

設計國際貿易的方式（圖37）。

「循環合作」的範圍涵蓋各個產業，除了第六章所提到的太陽光電、塑膠產業以外，還有關乎糧食安全的農業。台灣人口稠密、可耕地僅占二〇%，充分發展在地型農業後，我們仍須進口部分糧食。既然如此，台灣政府和民間企業可以運用採購力量來和貿易國家發展「境外農業」的合作；以成立「台灣隊」方式，整合國內農耕、食品加工、生技和資通技術的優勢，與當地政府、農民、廠商展開農業科技合作。這時台灣和貿易國家的關係便從一開始的「買賣」，轉變成長期緊密的「投資」。一則鞏固穩定的境外糧食供給，提升台灣糧食安全；再來，也能與友邦國家攜手推動他國的循環農業發展，同時分享台灣的農業文化，追求互利共榮。

透過循環合作的投資，來提升台灣原物料的穩定供給，是值得各產業參考的作法。例如第九章提到台灣紡織業可成為二次料的領導者；同時，海外市場的擴展將帶動國內人才培育需求，「台灣隊」應及早規劃來招募和培育新世代的循環經濟人才，提供他們國際化、跨領域的歷練，讓新一世代能充分發揮他們的專業潛能，展現影響力。

第二節　產業循環化，沒有捷徑但有路徑

隨著線性經濟的負面影響日益惡化，社會普遍認為企業要負責的對象，已經從公司的股東（shareholder），延伸到員工、社區居民和供應鏈夥伴等利害關係人（stakeholder）。這股趨勢也已制度化到法規[58]以及企業的年報規範裡。

一般經濟或金融專家都認為企業最關鍵的關係人應該是投資大眾，但是我的看法不同，近幾十年來，因為上市櫃企業的股東多半是高流動性，買賣自如的投資者，他們往往只重視企業短期的利益，不注重企業長遠的價值和競爭力，投資者的短視反而會危害到企業的韌性和永續性。

相反地，對大部分的企業內員工、客戶、夥伴、社區民眾等等而言，公司反而是他們生活中，甚至於生命中的一切，這些非股東的關係人反而會更在意和關心企業的存亡和韌性。

因此，企業的經營者不能只將這股趨勢反應在年報裏就罷了。更關鍵的是，企業需要更主動積極的將這股新的價值觀內化到企業的文化裡面。

ESG潮流來臨，不如超前部署

除了廣為人知的「企業社會責任報告書（Corporate Social Responsibility Report，CSR）」，如評估環境、社會、企業治理三面向表現的ESG原則，以及更完整瞭解企業長期永續表現以及風險控管能力的「整合性報導（Integrated Reporting，IR）」涵蓋更多面向的企業資訊揭露架構，都開始如雨後春筍般地出現。

即使面臨金融、法規層面的制度化趨勢，我總不免聽到有些企業還是停留在線性經濟的發展思維與獲利模式裡。這些企業在「利益私有化、外部成本公有化」的模式下運作，出自反省外部成本帶給其他關係人和環境的傷害後，才開始考慮執行企業的社會責任，以「贖罪」的心態開始彌補損害。或者被動地由品牌商「推」著做ESG評比，在壓力之下才開始調整企業的營運方向和方法，僅追求最低限度的符合度。

58 二〇一八年《公司法》修正案，被譽為是十七年來規模最大的修法。第一條對「公司」定義和目的的詮釋，從過往的「以營利為目的」擴大為「得採行增進公共利益之行為，以善盡其社會責任」。

長久來看，這些採取被動策略的企業僅符合最低規範，仍會面臨被淘汰的風險。因此，我建議企業勇於承擔責任，主動將循環經濟思維融入到策略及商業模式中。不但能掌握市場動態、吸引到更好的人才，同時由於減少資源的耗用，也可降低環境衝擊。

投資人重視 ESG 並非僅是要「做好事」。金融機構研究指出，ESG 評分較高的公司往往在市場表現也較好，因大幅減少風險，提升自身和環境的韌性。

在台灣沸沸騰騰討論供應鏈重整的此刻，未來二十年供應鏈應有的樣貌，不應再以線性經濟思維重整，而要以循環經濟來重新設計。

面對充滿不確定性的未來，台灣業者應主動做「對的事」，然後把對的事情做到賺錢。若是國際供應鏈的一環，甚至應該積極地拉著品牌商轉型循環經濟；一同尋找、培養新世代優質、速度快的合作對象，協助品牌從核心商業模式就把 ESG 考量進來。

就事論事，至今絕大部份的大型品牌商，自我升級和轉型的力道其實是不足的，多數的品牌商在 ESG 評比的壓力下，只是把「外部成本內部化」的成本和責任轉嫁到代工製造業者身上，最終還是以低價來選擇代工業者。台灣的業者還是在一個換湯不換藥，線性經濟下的供應鏈求生存。

我相信台灣業者和合作的品牌商，在這樣雙向「拉與推」的互動下，會激發出長遠、創新、雙贏的合作的商機。

企業全方位落實循環經濟的路徑

落實循環經濟的過程，沒有捷徑，但有路徑，不同類型的企業會摸索出適合自己的落實方式。循環台灣基金會綜整過往與各界溝通的經驗，整理出**「企業轉型循環經濟路徑圖」**（圖38），以系統化架構呈現循環經濟的重要原則，同時以三大循環策略及兩大循環作法引導企業找到在循環經濟裡的各種機會。

我們也以這份**循環經濟「檢視清單」**，協助企業界朋友確認企業內部融入循環經濟的程度，一步步打造出屬於自己的循環經濟DNA。

WHY目的：提升企業的韌性

我時常問企業朋友，您企業未來十到二十年的規劃是什麼？有趣的是，大多會說：「最多想個三年，沒想到十年那麼遠。」多年下來，我發現能以十年、二十

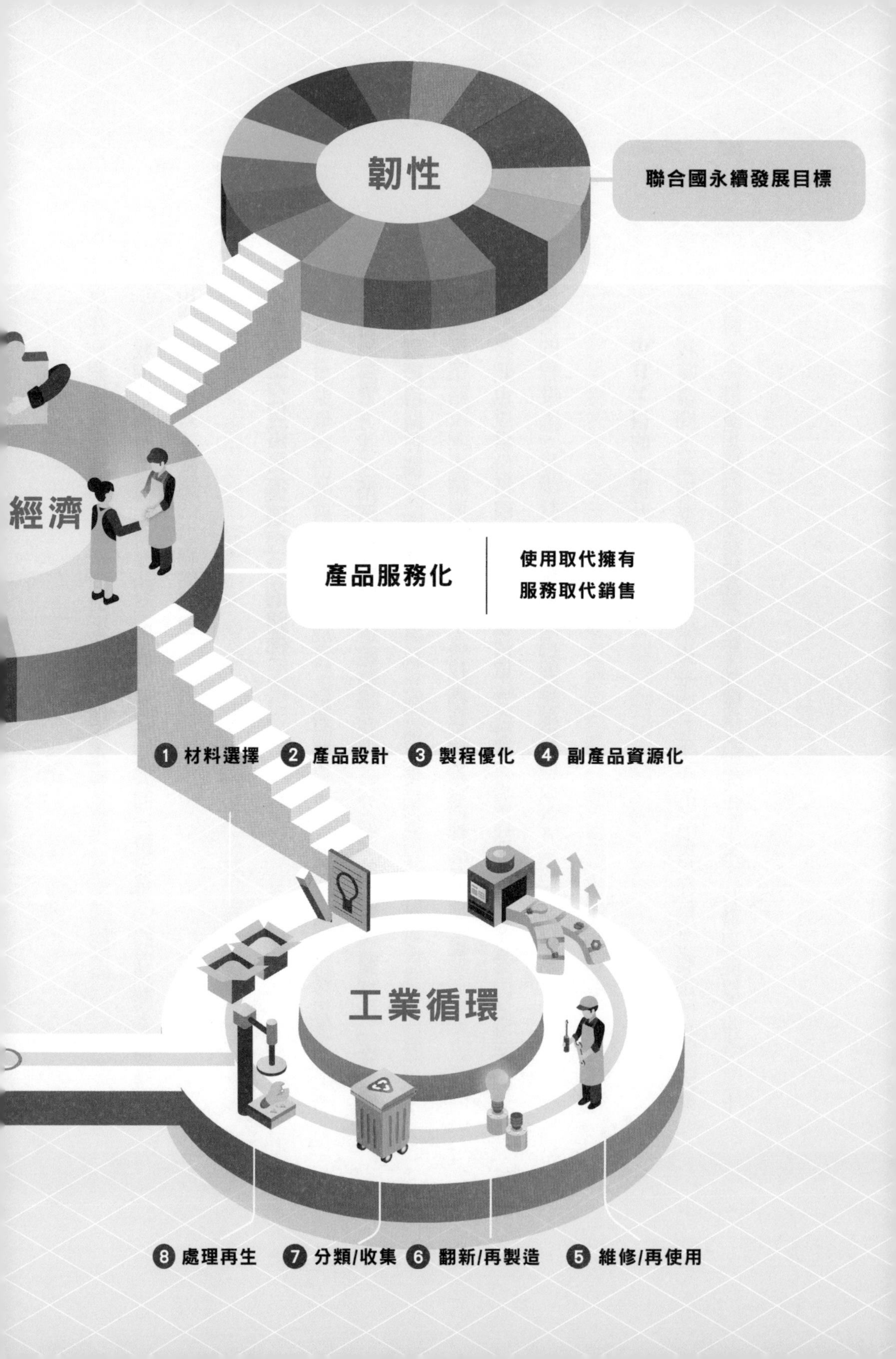
韌性
聯合國永續發展目標
經濟
產品服務化
使用取代擁有
服務取代銷售
❶ 材料選擇
❷ 產品設計
❸ 製程優化
❹ 副產品資源化
工業循環
❽ 處理再生
❼ 分類/收集
❻ 翻新/再製造
❺ 維修/再使用

圖 38：企業轉型循環經濟路徑圖

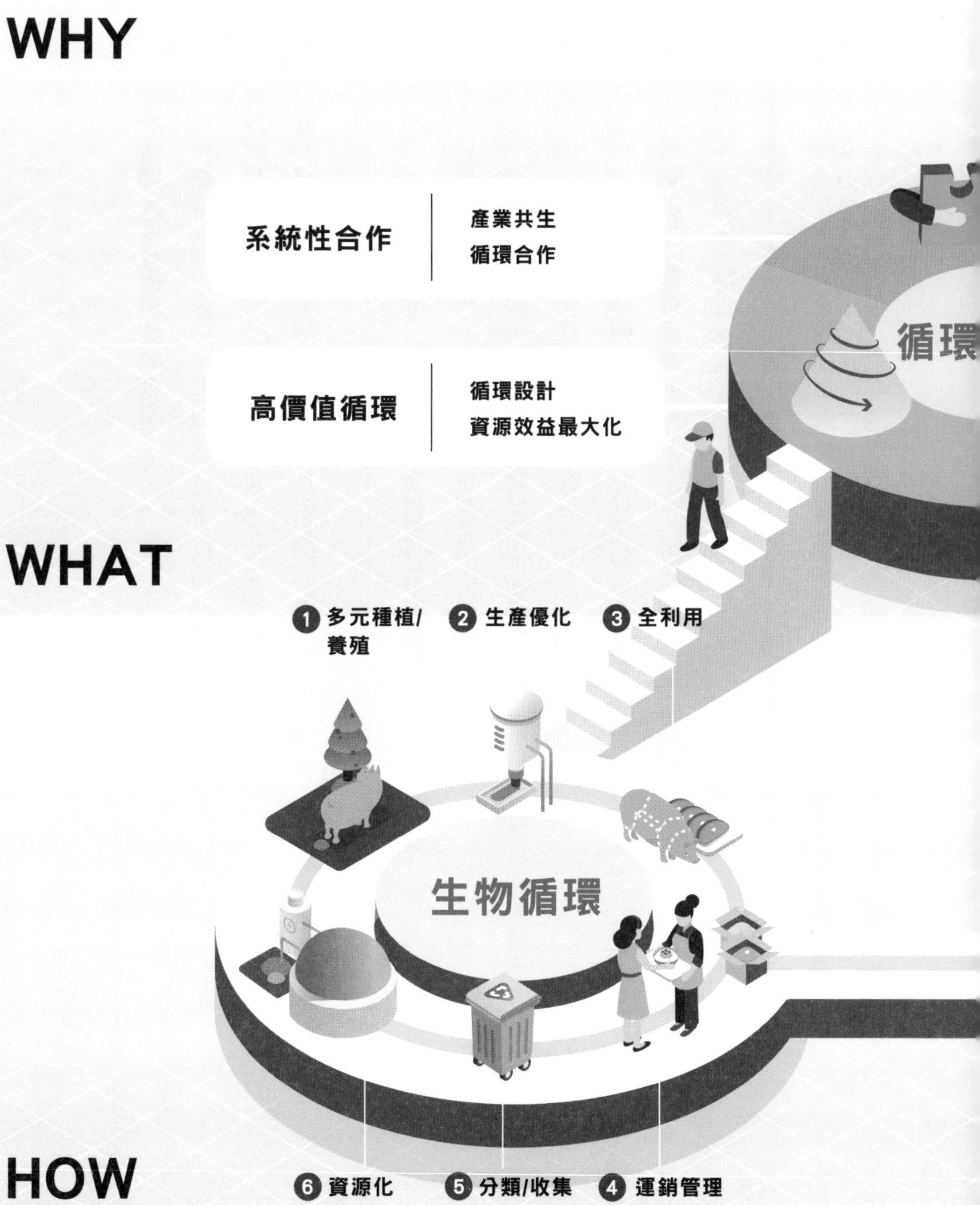

來源：資源循環台灣基金會

年的時間尺度規劃未來的企業不多。

企業推動循環經濟，若想要促成更長遠更有效的轉變，組織內需要先開放且深度地探討為何而戰？企業如何在未來動盪的環境降低營運風險，提升韌性？永續發展的精神——在限制中均衡地成長，更應該融入到企業的每一個策略及決策中。

▲檢視清單：重新定義企業經營遠景與策略

- 未來十到二十年，您的企業將面臨什麼趨勢？
- 未來十到二十年，您的關鍵利害關係人，包含員工、供給端與需求端的合作夥伴，將有什麼改變？
- 因應動盪的世界，如何降低風險，提升韌性？
- 如何重新定義企業未來的「新價值」，如何創造十到二十年後的「新記憶」？

WHAT策略

轉型循環經濟的三大策略，是每個企業可以循序漸進，採納和應用的創新思維。

- 「**高價值循環**」：以循環設計原則將每一份產品與資源的價值保留下來，發揮最大的資源效益。
- 「**產品服務化**」：客戶以使用取代擁有、生產者則以提供服務取代銷售產品，能使兩者培養出長期的商業關係，使企業獲利跟能、資源耗用脫鉤。
- 「**系統性合作**」：透過系統性的規劃，運用產業共生和循環合作來促成跨產業的資源循環運用。

▲檢視清單：設計循環經濟策略

- 您的企業將提供什麼樣的產品與服務？物質流、知識流的比重為何？
- 未來的顧客是誰？如何建立與客戶長期的商業關係？
- 以什麼樣的流程提供？需如何建構 SOP？
- 如何組織資源循環的專案？如何重新建構組織？
- 如何創造能啟動變革的創新文化？
- 在循環經濟的三大策略中，如何找到適合的合作夥伴，共同創造契機？

HOW 作法

循環經濟的落實方法可分為工業循環及生物循環，兩者可單獨運用或互相搭配、合作。

▲檢視清單：展開企業行動計畫

- 內部如何開啟循環經濟契機的探討？
- 需要以何種明確的步驟展開？需要建立什麼樣的推動團隊？
- 如何從內部採購開始，使企業一步步邁向循環？

重新檢視成本思維，投資自然及社會資本

傳統的企業營運，僅將物質及財務視為資本，卻將環境、社會等多重面向的考量視為「成本」。企業若要邁向循環經濟，將一次性的金流交易，轉換為長期源源不絕的收益，必須開始對「自然資本」與「社會資本」做長期且具有規劃的投資。

「資本」指的是透過組織的活動及產出，得以增加、減少或轉變的價值存量。若企業將環境與社會面向的成本，轉以資本的態度謹慎經營，均衡地考量如何為多重資本創造價值時，就不會偏重單一資本的最大化，犧牲了其他的資本。

從永續發展的經濟、環境、社會三大支柱來看，深受企業活動影響的環境健康會反映在「**自然資本**」的存量上，經濟活動為社會創造的福祉則會提升「**社會資本**」。

自然資本涵蓋了所有如水、空氣、土壤等可再生資源，或是如石油、礦產等不可再生資源，以及氣候調節、生物多樣性的生態系統服務。然而，全球經濟對自然資本造成的傷害，光是初級生產和加工行業的環境負面衝擊就高達七兆美金[59]。一份最新的調查也發現，評估的一千八百間企業若納入環境成本，有一五%的公司將毫無獲利，有三一%公司將短少二五%以上的獲利[60]。

回頭看看台灣，二〇一七年四項主要環境外部成本就高達兩千九百多億元，占了當年度GDP的一．八%[61]。企業若需要負起完全的社會責任，無論目前的外部成本是否已內部化，都應認知到自然資本是企業所有有形、無形資本的基礎，值得企業投資，提升它的品質。

有心推動循環經濟的企業，更是不能忽略「社會資本」。對員工能力培訓、對客戶的洞察，不應被看做是「成本」，而應該視為投資，才能向客戶提供更高品質的服務規劃。勤於經營社群，和外界分享資訊的企業，也是在投資它的社會與關係資本，提高了企業和其他利害關係人合作的機會，例如企業透過產業共生和別家企業交換資源，或是集結群眾智慧提出更有創意、突破性的解決方案，都可以凝聚社會力量和社區的團結。

換言之，不斷投資自然與社會資本的企業，會提升運用循環經濟策略的能力。這考驗的是**企業是否有智慧跳脫追求短期獲利的框架，打開對無形資本的想像，看見它對企業長期獲益的幫助**。

---

59 Al Iannuzzi, *Greener Products: The making and marketing of sustainable brands*, 2017

60 Ronald Cohen & George Serafeim, *How to Measure a Company's Real Impact*, 2020, https://hbr.org/2020/09/how-to-measure-a-companys-real-impact

61 根據中華經濟研究院的調查，二〇一七年水污染及廢棄物污染成本為三百二十億元，引用《一〇六年綠色國民所得》之環境值損帳。空氣污染成本一千二百二十億元，採用US EPA的BPT方法，配合本土化資料算軟而得。溫室氣體單位成本取自溫管法的罰則金額作為推算基礎，為一千四百二十億元。

第三節　政策循環化，強而有力的推手

政府在推動循環經濟上扮演的角色是透過「政策循環化」，建構一個適合循環經濟發展的環境。過往的政策發展是架構在線性經濟思維之上，以要求企業「少壞一些（less bad）」的思維設計各式防弊、監管、去化、甚至更嚴苛的環保限制。然而，在鼓勵企業「多好一些（more good）」，公部門在政策引導上有更多的發展和推動空間。

「政策循環化」的設計，政府短期能以經濟誘因製造拉力吸引企業投入。例如，以公共採購創造循環經濟的市場；對提供維修服務或二次料的稅費給予減免；各式費率也能區隔出循環經濟作法加以優惠。相關經濟誘因可以透過預算的重新配置來達成。

「政策循環化」的長期工作，則需透過具強制性的法治規範來提高產業標準，最重要的是環境成本內部化。

為什麼「外部成本」很容易被企業忽略掉？

因為在線性經濟裡，外部成本早被視為常態、必要之惡！而循環經濟的轉

型，勢必無法迴避這個問題。台灣長久僵化的水電價格，為企業打造假象的舒適圈，但卻不利於企業長期往高價值、高韌性的模式發展；碳定價、碳關稅的國際趨勢，若台灣無法正視，也將被國際社會排除，喪失先機；而更多的生產者延伸責任落實範圍的擴大，也能從法規制度面促使廠商重新設計產品。

循環經濟思維下的政策設計，會逐漸以資源管理取代廢棄物管理，不再將「資源」定義為「廢棄物」。落實循環經濟，為零廢棄、零排放努力的企業，會減少外部成本，減輕政府的負擔。政府若將節省下來的處理費用，用於補助投入循環經濟的企業，將能鼓舞士氣，吸引更多企業投入。例如，發展沼氣可為環保署省下相當於數百億元的豬糞尿處理成本[62]。政府若能將節省的成本，用於提高生質能發電的躉購電價或是補助沼渣液肥料，將能促使更多業者投資到沼氣產業，提升發電效率。

62 根據環保署資料，畜牧糞尿資源化利用有三種途徑，一是用於沼氣發電，沼渣液作為農地肥分；二是依農業事業廢棄物再利用管理辦法進行再利用；三是經處理至符合放流水標準，作為澆灌的水資源利用。三種途徑的成效相當於七百五十八座礫間水質淨化廠的處理量（每座耗資1億元），相當於為國庫剩下七百五十八億。

除了拉、推力的設計外，政府還扮演整合各界資源的角色，以及從教育著手來培養民眾和下一代學子的循環經濟思維。短期就會有成效的經濟誘因型政策，像是能立即帶動市場需求的**「循環採購」**和**「綠色振興」**。

循環採購，打開循環經濟的市場

循環採購是優先採購能促進能資源在供應鏈中達到封閉循環的工程、產品或服務。它將會打開循環經濟的市場，鼓勵更多企業投入，加快「產業循環化」，同時使得更多創新的循環型企業規模化，達到「循環產業化」。

在循環採購的流程裡，採購方必須先重新思考與定義「需求」，再透過採購方與供應方之間持續的夥伴關係，來集思廣益什麼樣「功能」的服務或產品可以滿足需求。這也為供應方指出一個明確的方向，持續地創新和優化服務或產品在功能面和環境面的表現，比方在第五章提到已發展出服務化模式的冷氣、家具等產品。

長期下來，循環採購將能推動需求端轉向使用權的社會文化，且帶動供給端的產業創新，以更少的資源提供更好、更低環境衝擊的服務。

循環採購作法深受大力推動循環經濟的國家所重視。歐盟循環經濟行動方案，就將公共採購視為促成轉型的重要關鍵。歐盟不僅在既有的綠色公共採購（Green Public Procurement）融入循環經濟的原則，同時在新發表的類別中更加強調循環經濟的面向。不同於歐盟建立標準的作法，荷蘭強調以實驗計畫多方嘗試創新的可能。從二〇一三年開始執行強調公私部門合作的「循環採購綠色協議（Green Deal Circular Procurement）」[63]，在三年內共完成了八十件實驗計畫，超過一億歐元的預算以符合循環原則的方式進行採購；在二〇二〇年前，循環型採購占總公共採購金額達一〇%的目標。

台灣政府每年一兆元以上的預算，是發展循環採購的大好機會，推動服務化、二次料的市場。

不論中央或地方推動循環採購的發包政策其實是一種「產官合作」，政府、投資者和提供服務型商業模式的業者攜手「減少外部的成本和風險」，然後將部

63 有關荷蘭「循環採購綠色協議」請參考 greendeals.nl；公共採購相關資訊可參考 pianoo.nl/en。

份的效益和業者分享。

目前台灣政府部門已有許多值得參考的循環採購作法。例如，環保署和地方政府補助攤商以服務型商業模式使用油煙防制設備、碗盤洗滌設備；桃園市社會住宅的空調設備以服務案來採購。第九章分享的台糖沙崙循環住宅內的電梯、燈具、衛浴、廚餘設備等多項採購也是使用服務模式。

綠色振興，投資台灣的未來

出其不意的一場疫情，對供應鏈及需求端造成劇烈的影響，使得許多企業面臨危機。政府為降低衝擊，緊急祭出了一兆零五百億的振興紓困預算。然而，特別預算是預支後代子孫的財富。我們需要更審慎思考，要將振興資源用在勉力維持脆弱、破壞性的線性經濟，還是要打造一個更韌性、再生型的循環經濟？而**「綠色振興」的目的**，就是要投資台灣未來二十年的產業，藉機創造優質工作機會，邁向零廢棄、零排放的永續成長。綠色振興如何有效促進台灣循環經濟的發展呢？

推動城鄉在地能、資源基礎建設與提升水、能源等民生關鍵物質的循環運用，是值得優先推動的方向。打造韌性台灣，我們需要更重視水和能源的低碳供給以及供需平衡，從集中型管理走向分散型。

台灣降雨豐沛卻時常缺水，長久以來我們仰賴著大型水庫的集水系統，運輸管線漏水率卻又高達二〇%，無形之中我們浪費了多少水資源？然而，都市裡建築物屋頂、公園、學校、社區空地；乃至鄉村的埤塘、小湖泊都具有貯留雨水功能，可以加以規劃運用。能源方面，以在地生物質為料源的沼氣產業，就是相當適合引導台灣企業投資的分散型能源系統。

務實地從國家整體發展的角度來看，無論是政府的採購或振興資源，亦或是政策框架涵蓋範圍更全面的「五加二產業創新計畫」等，都應該檢視其能否協助台灣因應氣候變遷等各式永續挑戰，以打造韌性家園。

五加二的「加二」——「循環經濟」和「新農業」，是兩個和國家長遠發展密切相關且具前瞻型的願景。幾次在不同場合，我都聽到關切國家發展的朋友們聲音：「行政院在二〇一七年推出『五加二』產業政策中的『加二』，不知進展如何？希望沒有被遺忘掉！」面對新冠肺炎疫情對經濟、社會、環境和政治帶來的影響，我們呼籲政府不但不能讓循環經濟和新農業從政策執行層面消失，更要掌握機會，加碼和國際社會合作，在新的方向中展現疫情後復甦的活力。

三個同心的循環圈：物質圈、知識圈和金融圈的整合

過去三、四年來，循環經濟在台灣的發展已經逐漸展示出成果了，除了由上而下的政治和政策領導以外，我們也看到許多企業由下而上的推動。邁向循環台灣二〇四〇，下一步的重點是由政府來整合各界能量，特別是要連結著重於規劃資源循環運用的「物質流」業者，以及專注在研發的「知識流」人才成為**「循環圈」**，落實封閉循環和零外部成本的目標。

以往政府的產業政策，大多著重在**「物質圈」**，然而在循環經濟中，需要串聯起專注在不同物質流階段的企業，包含材料開發、製造、產品設計、製造使用後一路到處理再生，形成一個完整的「物質圈」。

目前各個階段的業者，由於資訊的斷裂、彼此目標及心態上的歧異，因此更需要政府和產業攜手合作才能串聯起來。

從物質圈延伸出來的是**「知識圈」**，它串聯起掌握不同知識流的人才。台灣擁有龐大、傲人的學術研究和法人智庫。例如，中研院、工研院等資源，範圍從

圖 39：整合物質圈、知識圈、金融圈形成「循環圈」(以工業循環為例)

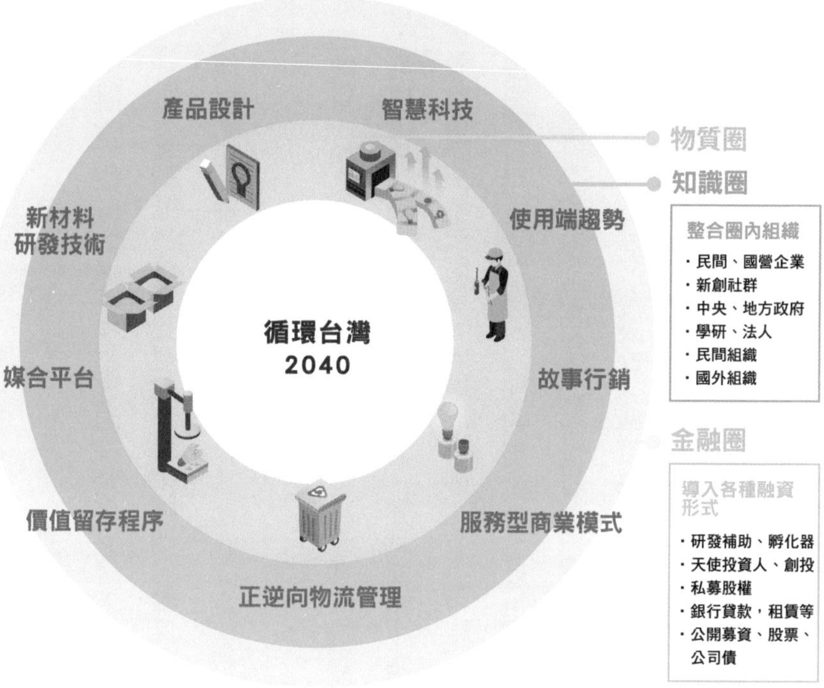

來源：資源循環台灣基金會

學校到研究單位之廣，知識領域從基礎研發到應用面之大，我們只要將這些人才資源和知識整合起來，將會是台灣在循環經濟「知識圈」的龐大力量。

第三層還有**「金融圈」**，如何引導資本市場的投資來支持未來二十年產業的「高值化、循環化」發展，還有很多概念需要被運用和思考。聯合國和歐盟皆大力推動永續投資框架與原則，台灣的金融管理單位無論是在界定永續投資的範疇或是投入的資金規模上，都還有很大的著力空間。

只有邁向共同的願景，如循環台灣二〇四〇，企業和產業的物質、知識和金融價值才能被整合，發揮出最大的綜效，這也意涵著，知識圈和金融圈不能獨立在物質圈外，而物質圈要穩固，整個循環圈才得以穩固。

「物質圈」、「知識圈」和「金融圈」三圈的整合會編織出**「循環圈」**（圖39），不僅促進產業朝向循環化發展，也能帶動更多循環經濟概念的產業化發展。而在全球發展循環經濟的趨勢下，台灣以「循環圈」的基礎加上社會的多元和包容性，可以成為各國推動「循環經濟」的策略夥伴，引導其他國家的循環經濟發展，成為創新型設計、科技和商業模式的最佳示範場域，**展示「Taiwan can LEAD」的實力！**

第四節　社會循環化，由下而上建立韌性新台灣

五年有成，循環經濟的種子萌芽中

回顧過去五年，從二〇一五年循環台灣基金會成立至今，我們不停地在國內外到處播下「循環種子」，不論是對民間的大小企業，還是在立法院和行政部門。如外交部、經濟部、環保署、農委會、教育部等的巡迴演講，或是受邀和許多來訪國家的國會議員和政府官員介紹台灣的循環經濟發展，乃至和學研機構、NGO或產業共同舉辦的論壇和工作坊。我很欣慰看到循環經濟已經開始在台灣發芽、茁壯成長了！

尤其是近期循環台灣基金會和一間智庫共同舉辦「循環採購」諮詢會議的經驗，讓我深受感動。會議上由幾位年輕人分別報告推動產品服務化的各式機會。

更難能可貴的是，這群新世代已經不需要有人向他們解釋什麼是「循環經濟」，就可以直接熱絡地討論執行「循環採購」的經驗！讓我深受鼓舞的是這群年輕人對循環經濟的投入，他們身上散發著台灣正向的力量和希望。回想過去五年的心路歷程，「循環經濟」從一個生澀且近乎無人理睬的議題。到今天，已成

為一群特定族群的共同語言了。

讓我更振奮的，還有一些曾遲疑是否要推行循環經濟的企業家，也開始發展出執行計畫，成為領跑者。他們和我分享，即使遲疑企業內部做不來，但觀察到循環經濟已是勢之所趨，若能及早開始，就算無法一步到位也能增加經驗、掌握先機。這之中不乏中小企業主，扭轉大家認知大企業才有資源推動循環經濟的迷思。

事實上，具彈性和創新力的中小企業反而沒有大企業的包袱。何況未來側重資訊和知識的時代，已經不再是「大吃小」，而是「快吃慢」了！

這群擁有可為態度和合作精神的實踐者，將帶來更多經驗的傳承，激勵更多周圍的夥伴！未來循環經濟的發展，我有信心會像滾雪球般，愈滾愈大。

人人都可展現領導力，從 5E 做起

「如果你想要造一艘船，你要做的不是請大家一起找木頭、分配工作，跟下令誰該做什麼。取而代之，你應該做的是，勾起大家對浩瀚無垠的大海產生渴望」，這句經典之語，提醒著我們莫忘初衷。這也是為什麼，我在演講時最強調

的就是為什麼台灣需要循環經濟？循環經濟可以為你我、為台灣企業創造什麼樣的效益？因為我相信當動機清楚，方向對了，就不難找到執行的方法。

有了明確的方向，下一步就是要展現「領導力」。然而可能會有人誤解，以為領導力是某個高高在上的人或職位才需要具備的「能力」。實際上卻正好相反；領導力是一種發至內心的「態度」，只要有理想、有責任感，你我都可以具有領導力！如同美國前總統甘迺迪鼓勵大家起而行，經典的一段話：「如果不是我，那該是誰？如果不是現在，那該是何時？」

每個人在生活中都有機會影響他人，尤其在網路發達的現代社會，更能輕易利用社群媒體及各種創意的方式，展現影響力。我們看到學生們自主成立了社團，包含跨校的「高中生的循環經濟」社團，清大的循環經濟社、台灣青年氣候聯盟、台灣零廢棄地圖等，甚至還有臉書上超過五十個各式各樣的循環經濟相關社群，顯示每一個人都能有所發揮，都可以是「領導者」！

而企業的管理者最重要的責任就是為組織打造「新記憶」，以及新記憶背後的「新價值、新願景」。接下來企業就是要主動和內、外部重要關係人溝通，取得認同和支持。從強化公司治理的角度來看，每一位企業同仁都有責任讓所有的

圖 40：領導力的 5E，如何運用到企業的經營管理上？

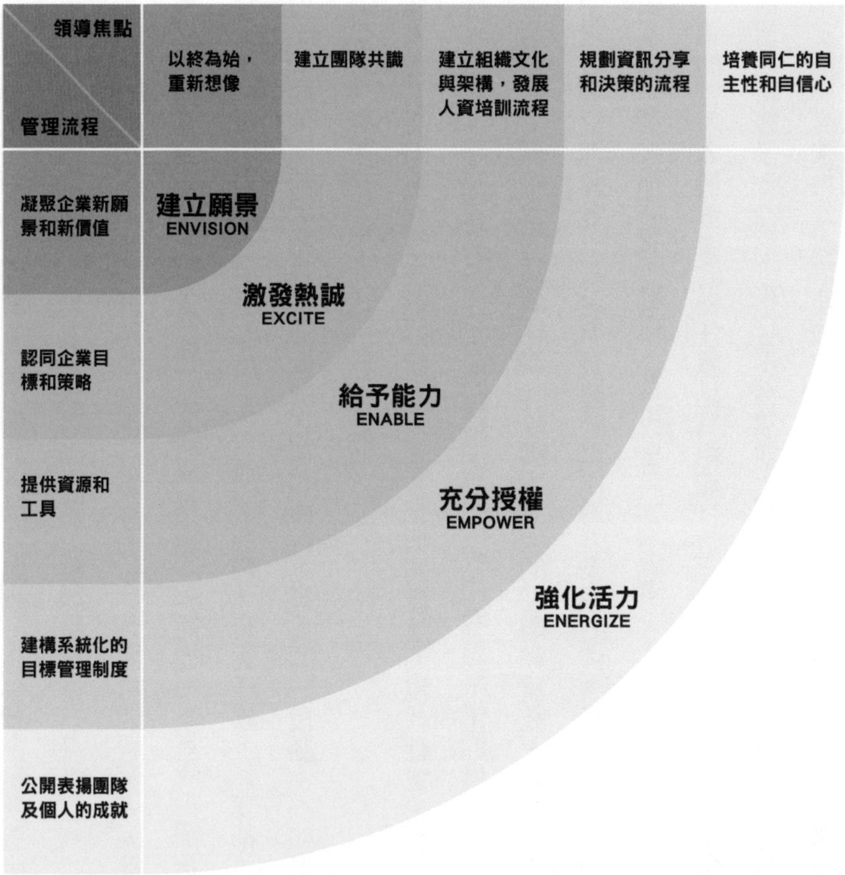

來源：資源循環台灣基金會

股東和外部關係人認同企業轉型循環經濟的長遠計畫；甚至地方政府、民意代表、環保團體和相關產業等，也都是企業需要經營的對象。然而，內部的員工才是落實「新記憶、新價值和新願景」的關鍵角色。

我的經驗是領導者不容操之過急，循序漸進才能將領導力發揮到最大的綜效。

以下用我個人在台糖的經驗和其他我所認識企業管理者的故事來說明**「領導力的 5 E」**（圖40）。

1. 建立願景（Envision）

管理者的眼光應要長遠，能跳脫組織的慣性路徑，隨時展現前瞻、集體的想像力和創意，不停地學習成長，盡全力和組織同仁共同編織出願景。

我所認識的許多企業管理者，都具備創新和跳脫現狀思考的特質，但仍容易受困於現狀的主因是將全力放在眼前緊急的事，忽略了長期重要的事，這時要有所改變、轉型就相形困難。此時企業需要歸零思考，以「重啟開關」。

我剛進入台糖服務時，同仁和社會大眾對台糖的印象多半是糖廠、小火車、冰棒等。這些都是過去十幾年來讓每一位台糖同仁感到驕傲，珍惜的記憶，但是它終究是過去半世紀的舊記憶。我深信我的責任，應該是帶動新一代台糖同仁想像「未來十年、二十年的新記憶」該是什麼？歷經多次分享和討論，台糖人希望未來留給國人的印象是「推動新農業、邁向循環台灣」。以終為始，有了「新記憶」以後，它背後的「新願景」和「新價值」也就呼之欲出了[64]。

2. 激發熱誠（Excite）

轉型循環經濟是個結構性的挑戰，絕對不容易，要堅持更困難。管理者要有絕對的熱誠，要有「傳教士」或「唐吉軻德」般的耐心和決心，不停地宣導組織的願景和價值，建立團隊的共識，確保同仁認同企業的目標和策略。甚至還要讓同仁能內化，產生切身的的興奮感和驕傲感，並落實為對自己的承諾和要求。同仁需要體會到成就自我的最佳策略，就是不斷的從利他、服務和成就他人開始。回想當時，我曾經寫了一封信給台糖同仁，題為「以『一個團隊，一個成就』為目標，成就他人！成就台糖！」，目的即是要激勵大家同舟共濟和相互成就，才能成就自己。

在許多企業實踐者之中，宏遠興業葉清來總經理對知識的渴求和意志力，實在令人佩服。他在提出了「零廢棄、零排放」的願景後，閱讀超過兩百本跟永續相關的書籍。不只是看，更從每一本書中至少將一個概念落實在企業的經營管理！我在參觀他們工廠時，對宏遠同仁滔滔不絕介紹廠內各種永續作法的自信而熱情神情，印象深刻。

另一位年輕人黃暐程是新創公司 CircuPlus 執行長，他為了促成新創圈了解循環經濟及創造更多連結，自發性地到全台巡迴上百場的演講。他的主動、熱忱、毅力及年輕人的活力，令人印象深刻。

這些投入都是領導力的展現。

3. 給予能力（Enable）

當同仁能清晰地闡述企業的願景，他們也會倍感興奮、引以為榮。接下來，管理者要能夠洞察同仁到底需要具備什麼樣的能力和資源，才能落實企業的願景和履行個人對自己和公司的承諾。管理者要主動地提供資源和工具讓同仁們不斷地學習和成長。此時，企業就要規劃出配套的人力資源招募和培訓流程，這也是

---

64 台糖人擬定出來的新願景是：一、重建發揮對台灣經濟和社會發展的貢獻。二、重建在台灣人生活裡溫暖的記憶和連結。新價值是：一、配合中央政策、貢獻國家，投資前瞻性未來產業。二、建設一個安居樂業的永續循環台灣。

企業重新調整人力配置、建立組織文化與架構的機會。

在許多企業實踐者之中，永光化學的願景是「成為永續創新、提供綠色化學解決方案的全球化幸福企業」，希望運用循環經濟，邁向零排放與零廢棄的目標。陳偉望總經理親自召集循環經濟推動委員會，成員為所有高階主管。永光以閱讀《循環經濟》一書凝聚共識，輪流提報建議並選出重要項目來執行，也陸續導入「物質流成本會計」仔細盤點製程的正負向產物。永光曾分享「雖然將循環經濟的概念落實到研發、生產、產業合作上並不容易，但沒有行動，就不會有結果！」

4. 充分授權（Empower）

同仁的「心」和「能力」都到位以後，管理者要能夠放手、授權讓同仁為自我期許負責任。同時建構系統化的目標管理制度，規劃能即時檢視和反映落實循環經濟成效的績效指標。適當的資訊分享有利於規劃決策流程和獎勵辦法，讓企業即便在充分授權下，也能提供客觀的建言給負責單位。

我曾邀請每位台糖同仁，以過去累積的經驗加上對未來的期待，提出翻轉台糖的點子，最後募集到了超過兩百個提案，並彙整成「翻轉台糖一百招」。

令人欣慰的是，台糖同仁選出他們心目中最好的十個提案，有一半與循環經濟相關。由此可見，循環經濟可以帶給企業源源不絕的創新。只要肯充分授權，相信同仁所累積的經驗、知識和智慧都能為企業帶來無限的貢獻。

5. 強化活力（Energize）

管理者要有正向的態度和價值觀，只有正向鼓勵和肯定多於負面批評和否定，同仁才會累積自主性和自信心。有了信心，同仁自然會勇於承擔，盡全力揮灑。管理者要塑造良性組織文化，公開肯定團隊和同仁成就，私下給予建設性建言。充滿信心的同仁，會加速組織轉型的速度。

真正的領導者是無私的，他個人的成就其實是建立在和他一起努力的每一位工作夥伴的成就上。拿破崙的名言之一：「領導者就是販售希望的人！」只有不斷的鼓勵和分享榮耀，希望才會誕生。

然而，循環經濟仍在起步階段，許多企業的實踐者，更需要彼此學習、成長、支持的力量。循環台灣基金會成立的「循環夥伴平台」，目的之一就是讓實踐者在這找到同伴，互相激勵打氣。轉型循環經濟的引擎一旦被啟動，就勇往直前，大家一起不斷踏著向前的步伐！踏上循環經濟的路途，就如同非洲諺語描述的：「要走得快，自己走！要走的遠，大家一起走！」

二〇四〇，為何而戰？讓我們一起拚循環經濟

最近一位舊識問我：「我已經讀過你寫的《循環經濟》這本書了，但我還是好奇，循環經濟到底哪裡吸引你？為什麼台灣要推循環經濟呢？」

根本原因是，我在循環經濟看見台灣產業未來二十年得以大幅轉變的希望。台灣是一個很特別的島國，我們不是泱泱大國也沒有充沛的資源，卻打造出聞名世界的「台灣製造 Made in Taiwan」經濟奇蹟。

我們是怎麼辦到的？

這應該歸功於台灣人非常努力地在拚經濟。但是，過去拚的是線性經濟，一個高度依賴資源，高外部成本的脆弱、破壞性經濟模式。而循環經濟，讓我看到台灣產業有機會運用過去累積的完整供應鏈基礎、研發和創新能力，來翻轉長期在全球代工結構下的困境。換句話說，是要「拚線性經濟，刺激消費」或是「拚循環經濟，投資未來」？

這就是為什麼我大聲疾呼循環經濟對台灣的重要性。

循環經濟是少數我們可以將優勢運用到淋漓盡致的場域，在世界舞台上展示無可取代的獨特地位，讓台灣人走出自立、自信、自主的空間。

回到這本書在前言描繪從「線性經濟」轉變到「循環經濟」的五個層次路徑——共同願景、心智模式、結構、趨勢、現象，也就是產生長期、深遠影響的過程，我們需要社會上扮演不同角色的人，各自發揮所長，齊心打造循環經濟的系統。我們需要更多具有反思、開創能力的倡議組織、教育者大膽地描繪出願景，指出前進的方向，運用「領導力」引導社會大眾將轉型循環經濟的理想和責任感，化為行動。

未來二十年，我相信台灣人仍舊會秉持認真踏實的精神，不斷地努力拚經濟。但這次，讓我們拚循環經濟，打造出「原創、包容和韌性」的循環台灣家園！

後記

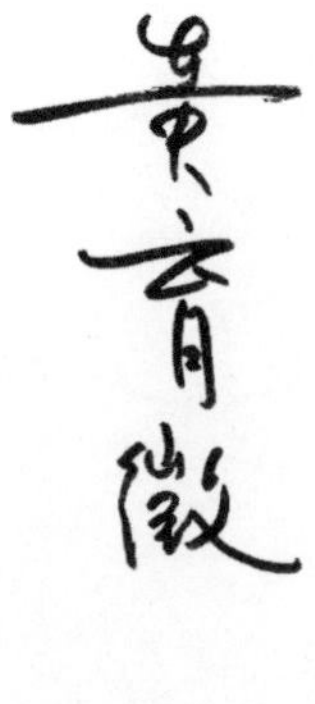

將近十年推動「循環經濟」的旅程之後，看到二〇二〇年總統在接見「國家企業環保獎」獲獎企業的一番談話，我感到格外感動。

總統表示：「臺灣在近年來，在各項技術創新和經濟成長都有非常優異的表現。我們也應該要思考，在繁榮的經濟發展之外，如何把循環經濟的概念，融入企業運作的每一個環節。不論是設計、生產，或是製造過程，都可以用系統化的方式，盡量做到零廢棄的目標，把廢棄物轉換為再生資源，讓廢棄物可以重新被應用，也能被賦予新的功能和意義。

社會和經濟的發展，也不應該超過環境的承載力。只有盡量減少環境開發的負荷，在環境保護和經濟發展當中取得平衡，我們才有辦法和環境共生共榮，留給下一代更好的臺灣。」

我相信台灣的社會本來就種有共生共好的種子，要幫助它發芽茁壯，需要做的並不是針鋒相對地指責立場歧異的人，而是要在兼顧國家和企業的利益下，互相傾聽，開誠佈公地討論，攜手移除「利益私有化、外部成本公有化」的錯誤心智和商業模式，並且重建出包容和慷慨的社會新價值——珍惜善用資源，建立永續的生產消費文化。重新檢視我們要共同努力邁向的終點，以及立足出發的起點，打造社會齊心向前的氛圍，讓台灣人的才能得以發揮。

藉此機會，我想和每一位企業界朋友分享我半世紀來踏入社會的學習，包含在學時打工，以及在顧問業、民間、國營企業服務的經驗。永續企業的首要組織文化和價值，就是要重視員工、客戶的福利；幫助供應鏈夥伴提升能力，給予他們機會邁向卓越；虛心地學習大自然的智慧，與之共存互惠。最後，在這緊密、充滿生機的網絡下，您會是最大的受益者，除了有形的獲益外，還會有無形的社會正向影響力。

我很高興在企業和公共領域之外，也能夠在非營利領域落實「成就他人，成就自己」的理念。我和一群關心下一代發展的朋友們在二〇一五年成立了「循環台灣基金會」，是台灣第一個專注於推動循環經濟的組織。懷抱著「讓循環經濟成為日常」的願景，致力於透過倡議、溝通、網絡串聯促成台灣產業及社會轉型，讓台灣成為世界循環經濟領導者。自我期許能成為循環經濟的「整合者」，有充滿熱情的「心力」、具智慧的「能力」和不斷擴散的「影響力」，成為各界的重要合作夥伴。在各界努力和支持下，我們欣見台灣的循環經濟發展已經有了豐厚的成果，不僅能站出去和國際社群分享，甚至能引領國際循環經濟發展。

循環台灣基金會三大主軸工作包含：

溝通 Communication：以溝通及教育，激發大眾想像循環台灣願景並促成改變。於二〇一七年出版專書《循環經濟》，二〇一九年開始舉辦亞太循環經濟論壇。成立以來，舉辦及參與了超過百場的演講及教育課程，包含向歐盟、荷蘭、蘇格蘭、芬蘭、英國、澳洲、紐西蘭等友好國家，及友邦國家宏都拉斯、貝里斯、海地、史瓦帝尼等宣傳台灣循環經濟發展成果。

倡議 Advocacy：透過倡議，打造更適合循環經濟發展的環境，更要讓循環經濟融入國家經濟及產業發展的關鍵政策。

網絡 Network：連結政府、企業、學研、社會團體、媒體及國際社群的力量，以循環合作開啟新契機，舉辦海外考察團以促進國內外循環經濟社群交流。二〇一九年開始〔CoPartners 循環夥伴平台〕計畫。

最後，這本書的出版，我首先要感謝循環台灣基金會的同事田欣怡、周佳穎、董敏筑、劉李俊達、蔡亞軒，以及協力夥伴江翰真、賴品瑀、馬崇寧，為了這本書每天工作到深夜才下班。每當看到同仁埋首於電腦之中，或聽到大家熱切討論的笑聲，我都很想向前去給他們一個深深的擁抱。尤其要感謝基金會的執行長陳惠琳，沒有她的耐心、投入與執著，我們無法完成這本書！希望這本書的出版，可以讓大家很驕傲，原來這五年來我們一起做了這麼多事！也要感謝朱敬一、紀維德、高志尚、張清華、郭英釗、陳吉仲、陳建志、曾厚仁、楊青山、楊偉甫、葉清來、劉文雄、蔡其昌、賴瑩瑩眾多推薦人，從不同觀點將《循環台灣》介紹給各界，以及審閱這本書的專業人士及志工提供的建議。

更由衷地致謝循環台灣基金會的董監事們以及捐款人，出錢出力又無私地釋出智慧協助基金會的策略規劃：吳人偉先生、紀維德先生、苗豐強先生、高志尚先生、張振亞女士、張純明先生、張永和先生、陳建志先生、趙辛哲先生、鄭惠玲女士（依筆畫序），以及不具名的捐款人。我也要感謝我的太太，除了無條件地包容我的焦慮給予我支持，更給予這本書的企劃非常多專業的建議。也想感謝我的孩子們，雖然每次談到循環經濟的時候，他們都會倒地大叫「爸，又來了～」，但每在世界各地看到有循環經濟概念的商品及新書，又會迫不及待地分享給我。每次看到他們，還有許多優秀的年輕人，我都會想起這些推動循環經濟的每一份努力，都是我們給下一代的承諾。

還有要感謝透過循環夥伴平台一起打拚的企業夥伴，即使面對許多的挑戰也從未放棄：人嶼物（好盒器）、大豐環保科技、工業技術研究院、台灣化學產業協會、台灣昕諾飛、台灣瑞曼迪斯、台灣蓋婭社會企業、台灣廚餘資源化協會、台灣糖業、台灣戴爾台灣分公司、光宇材料、好說設計、成亞資源科技、宏遠興業、李長榮化學工業、京冠生物科技、和友紡織、和泰興業、明基材料、金益世、青瓢、信鼎技術服務、春池玻璃、活水社會企業投資開發、珍萬國租賃、海陸家赫、茶籽堂、紡織產業綜合研究所、塑膠工業技術發展中心、雄材大智材料科技、慈心有機農業發展基金會、電電租、漾拓國際、福壽實業、臺灣永光化學工業、德商美最時台灣分公司、優勝奈米科技、優樂地永續公司、環海淨塑、豐譽營造、鎰呈行、1919 食物銀行、CircuPlus 循環經濟創業生態系社群、DSM

Taipei、REnato lab、Story Wear（七棵橡樹國際）（依筆畫序）。

以及要感謝多年來信任循環台灣基金會，持續和我們密切交流、合作的中央、地方政府單位、法人智庫、非營利組織，和媒體朋友們，謝謝您們的付出和對循環台灣基金會的肯定（圖41、圖42）。

圖 41：感謝一同推動台灣循環經濟發展的夥伴們（攝於三周年慶祝茶會）

圖 42：感謝循環台灣基金會同仁持續用專業與熱情帶動更多人參與

留下你對《循環台灣》的想像

國家圖書館出版品預行編目（CIP）資料

循環台灣／黃育徵, 陳惠琳著 . -- 臺北市：天下雜誌股份有限公司，2021.01
296 面；17×23 公分 . --（商業思潮；113）
ISBN 978-986-398-647-8（平裝）

1. 綠色經濟　2. 永續發展　3. 產業發展

550.16367　109021093

訂購天下雜誌圖書的四種辦法：

◎ 天下網路書店線上訂購：shop.cwbook.com.tw
會員獨享：
1. 購書優惠價
2. 便利購書、配送到府服務
3. 定期新書資訊、天下雜誌網路群活動通知

◎ 在「書香花園」選購：
請至本公司專屬書店「書香花園」選購
地址：台北市建國北路二段 6 巷 11 號
電話：（02）2506 － 1635
服務時間：週一至週五　上午 8：30 至晚上 9：00

◎ 到書店選購：
請到全省各大連鎖書店及數百家書店選購

◎ 函購：
請以郵政劃撥、匯票、即期支票或現金袋，到郵局函購
天下雜誌劃撥帳戶：01895001 天下雜誌股份有限公司

＊ 優惠辦法：天下雜誌 GROUP 訂戶函購 8 折，一般讀者函購 9 折
＊ 讀者服務專線：（02）2662-0332（週一至週五上午 9：00 至下午 5：30）

循環台灣

作　　者／黃育徵、陳惠琳
責任企劃／財團法人資源循環台灣基金會
企劃小組／張振亞、田欣怡、董敏筑、劉李俊達、蔡亞軒、江翰真、賴品瑀
自製圖表繪製／周佳穎、馬崇寧
責任編輯／莊素玉
封面設計／盧卡斯
特約行政助理／陳國威

天下雜誌群創辦人／殷允芃
天下雜誌董事長／吳迎春
顧問總編輯／莊舒淇 Sheree Chuang
出 版 者／天下雜誌股份有限公司
地　　址／台北市 104 南京東路二段 139 號 11 樓
讀者服務／（02）2662-0332　　傳真／（02）2662-6048
天下雜誌 GROUP 網址／http://www.cw.com.tw
劃撥帳號／ 01895001 天下雜誌股份有限公司
法律顧問／台英國際商務法律事務所・羅明通律師
電腦排版／中原造像股份有限公司
印刷製版／中原造像股份有限公司
總 經 銷／大和圖書有限公司　　電話／（02）8990-2588
出版日期／ 2021 年 1 月第一版第一次印行
2021 年 9 月第一版第四次印行
定　　價／ 430 元

書號：BCLB0113P
ISBN：978-986-398-647-8（平裝）